BIBLIOTECA BASICA
DE LOS TEMAS OCULTOS

Dirigida por el Dr. Jiménez del Oso

EL SEXTO SENTIDO
Los ojos de la mente

EDICIONES UVE

Equipo de especialistas y colaboradores:

ENIGMAS HISTORICOS

Antonio Ribera.
Daniel Prades.
José Luis Valverde M.
Lisardo Verdugo.
Agustín de Vicente.

ESPIRITISMO

Joaquín Gómez Burón.
José León Cano.
José Antonio Sanjuán.
María del Mar Ulloa.

OCULTISMO

Manuel Alonso.
Luis C. González del Pozo.
Angeles Fernández.
Paloma Navarrete.

UFOLOGIA

Ricardo Amarillo.
José Boloix.
Martín Contreras.
Sibila Pironti.

PARAPSICOLOGIA

Mario Capel.
Luis Fernández Briones.
Rosa Insúa.
Antonio Jiménez Visedo.
José Luis Jordán Peña.
Javier Parra.

© Edita: EDICIONES UVE, S. A.
Avda. Alfonso XIII, 118.
Teléfs. 413 54 94 y 413 55 43.
MADRID-16.

Director Editorial: José Antonio Valverde.
Director Literario: Joaquín Gómez Burón.

Imprime: Mateu Cromo, Artes Gráficas, S. A.
Pinto (Madrid).

Depósito Legal: M. 15.136-1980
ISBN: 84-85609-36-0
Distribuye: UVE Distribuciones.

INDICE

El reto de la Parapsicología

El hombre es una continua incógnita; y lo es porque ignoramos muchas de las leyes que rigen su comportamiento. Sin duda la medicina ha avanzado mucho desde los tiempos de Hipócrates, pero en su avance ha seguido con frecuencia caminos equivocados. El afán de conocimiento es un motor de inmensa fuerza; gracias a él, la humanidad se mueve y progresa, aunque no esté muy claro si la meta es la superación o el caos. En cualquier caso, poco importa; lo fundamental es moverse respondiendo al acuciante mensaje de ese motor mencionado que a la postre no es sino la propia angustia vital. El entendimiento de la función, anatomía e histología de los distintos órganos que dan coherencia al cuerpo humano ha requerido un costoso utillaje, una suma de experiencias y de observaciones y, sobre todo, de una infinita paciencia.

El resultado es que hoy sabemos mucho más del organismo y las enfermedades que hace un siglo, e infinitamente más que hace mil años. Sin embargo, el hombre sigue siendo igual de limitado y los que investigan y ejercen la medicina son, somos, sólo hombres y por tanto con una capacidad de aprender y entender limitada. Saber mucho más de los órganos ha traído como consecuencia una mayor especificidad en el quehacer médico, y así cada sistema requiere una especialización. Se han abierto tanto los horizontes que es necesaria una dedicación plena para conocer a fondo el sistema cardiocirculatorio, el digestivo o el nervioso. Cada médico se ocupa de su parcela, pero carece de tiempo y energía para echar un vistazo a la del colega. Es el sacrificio ofrecido en aras del conocimiento.

Pero algo no funciona en el método seguido: dos órganos con idéntica lesión evolucionan de distinta manera. El cuerpo no puede desintegrarse en piezas independientes, porque todas, hasta la más pequeña, están en una interrelación constante; cada órgano sabe su función y la realiza, pero al tiempo responde a un control superior y forma parte de un todo indivisible. Por eso, paradógicamente, hubo que inventar de nuevo la medicina integral, una medicina que contempla al hombre como una unidad psico-somática, y volverá a triunfar el antiguo médico de cabecera, con menos conocimientos específicos, pero mejor visión del conjunto formado por la anatomía, fisiología, psicología y biografía de su paciente. Sólo considerando al hombre en su conjunto se puede actuar lógicamente; esto es algo que admiten ya hasta los más reaccionarios, aunque no ha sido fácil convencerlos.

Admitir que el psiquismo es causa de muchas enfermedades somáticas y condiciona todas las demás, ha significado una lucha de décadas y en algunos sentidos la cuestión está todavía sobre el tapete. Por eso, pretender que lo psíquico se relacione, además de con el cuerpo del que es subsidiario, con el entorno y con otros psiquismos es pretender demasiado desde un punto de vista mecanicista. A pesar de todo, los hechos existen y negarlos es negar la evidencia; tal vez por eso, cada vez aumenta el número de mis colegas que vuelven sus ojos con curiosidad, o cuando menos sin sorna, hacia los fenómenos que se han dado en llamar paranormales.

Será preciso el paso del tiempo, pero inevitablemente los psiquiatras tendremos que ocuparnos de la telepatía, de la precognición, de la clarividencia, y no porque seamos los mejor preparados, sino porque estos fenómenos están con frecuencia asociados a la psicopatología y será forzoso que investigadores de lo paranormal —y huyo del término parapsicólogo, que, al menos por el momento, incluye a muchos sin preparación alguna— y psiquiatras caminemos juntos. De hecho, los investigadores de estos temas tienden, cada vez con más frecuencia, a ampliar su capacidad de juicio estudiando Psicología. Todo esto es necesario si no queremos caer en el mínimo error en que cayó la medicina. Pretender estudiar la telepatía como un hecho aislado de la personalidad es tan pueril como improductivo.

Tal vez por todo lo expuesto, el estudio de la fenomenología paranormal está en un punto muerto. Desde que Rhine publicó su «Extrasensory Perception» en 1934, el panorama no se ha modificado sustancialmente. La telepatía ha demostrado su existencia a través de los trabajos estadísticos; otras capacidades «extraordinarias» del hombre han sido constatadas, por lo menos en un número suficiente de casos. Ya estamos convencidos de que los fenómenos existen; ahora es preciso saber el «cómo» y el «por qué». Lo malo para los «parapsicólogos» es que investigar a partir de aquí exigirá unos conocimientos más concretos, más específicos que la banca, el periodismo o especialistas del aparato respiratorio —pongo por caso, y sin ánimo de ofender a nadie—. La parapsicología, que pretendía ser ciencia independiente, de-

berá nutrirse de químicos, físicos, psicólogos, psiquiatras o biólogos y contar con un utillaje sofisticado. Sólo planteada como una tarea común a muchas ciencias es posible la investigación de toda esta variada y compleja fenomenología. El camino recorrido hasta ahora ha sido imprescindible y está jalonado de hombres inteligentes y constantes que se han movido muchas veces entre la burla o el desprecio de los necios, que no ven más allá de su propia nariz; pero es preciso dar el salto, si queremos llegar a conocer la génesis de estos fenómenos.

En este libro encontrarán ustedes una síntesis razonada de la investigación llevada a cabo hasta el momento; está tratado por uno de esos hombres que han conjugado la erudición con la práctica, por lo que tiene el doble valor del conocimiento y la experiencia.

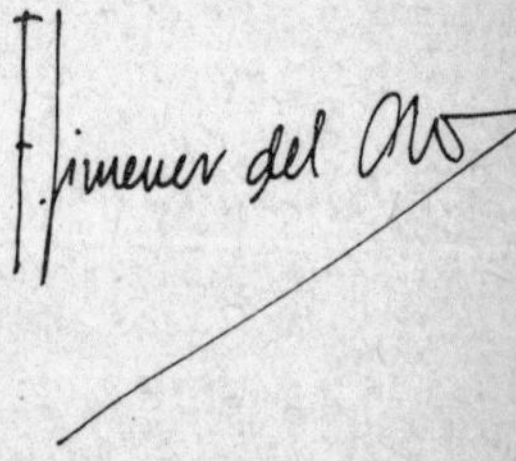

1

El «sexto sentido»

En la mayoría de las ocasiones la experiencia paranormal se produce inesperadamente: cuando la persona está durmiendo, o realizando otra tarea, surge como un fogonazo, como una imagen vívida o un sonido que se intercala por un instante entre los pensamientos de la persona y se percibe como ajeno por ésta. Es este hecho lo que hace más difícil su estudio sistemático; pues resulta virtualmente imposible prever cuándo va a producirse un fenómeno paranormal, de forma que el investigador, en muchos casos, ha de trabajar en base a material histórico, prácticamente imposible de comprobar. Desde la creación de la SPR (Society for Psychical Research, Sociedad para los Estudios Psíquicos, de Londres) se ha intentado soslayar este problema, principalmente de dos formas: investigando con personas especialmente dotadas o tratando de forzar la aparición del fenómeno en personas aparentemente carentes de facultades especiales. A continuación, pasaremos revista a los tres tipos de pruebas que, normalmente, suelen aducir los parapsicólogos en favor de la existencia de la percepción extrasensorial: las colecciones de casos espontáneos, las investigaciones con dotados y los trabajos de laboratorio.

Colecciones de la Sociedad inglesa de Estudios Psíquicos

«El 15 de febrero de 1912, Mr. Burgess, inválido que sufría una parálisis parcial, abandonó el hotel de Miss Steele, en Brighton, donde había estado viviendo durante varios meses, para trasladarse a otra casa en la misma localidad. En la noche del 5 de marzo, Miss Steele se despertó, encontrándose de pie en medio de la habitación, pensando que tenía que ir a la habitación de Mr. Burgess quien, según ella creía, le había llamado tres veces en voz alta. Se puso la bata, encendió la luz de gas y entonces recordó que Mr. Burgess hacía tiempo que no se alojaba en el hotel. Miró el reloj y observó que eran exactamente las tres de la madrugada. A la mañana siguiente contó a su cocinera el sueño expresándole la esperanza de que no le hubiese pasado nada a Mr. Burgess, de quien no tenía noticias desde que se ausentó del hotel. La tarde de ese mismo día, un hombre trajo una nota de Mr. Burgess en la que decía: "He tenido un sueño divertido con usted esta última noche. Soñé que aparecía en mi cuarto sobre las tres de la madrugada..." Preguntado Mr. Burgess sobre este hecho, señaló que la había visto de pie en la puerta de su cuarto, vestida normalmente. La visión duró unos cinco segundos.»

Este caso está tomado de la colección publicada en 1922 por Mrs. Sidgwick, en la revista de la SPR, 1886, con el título «Phantasmas of the living». Aparentemente trivial, tiene, sin embargo, una especial significación a efectos probatorios, dado que, en su momento, pudo ser investigado directamente por un miembro de la sociedad inglesa, que se encontraba en Brighton y pudo conservar la carta escrita por Mr. Burgess, así como recoger el testimonio directo de todos los participantes, incluidos los de la cocinera de Miss Steele, y el dueño de la casa de Mr. Burgess, quienes confirmaron el relato en su totalidad.

La colección de casos publicada por Mrs. Sidgwick contiene otros doscientos sucesos, cuya explicación remitiría a la telepatía, recopilados en base a encuestas e investigaciones ralizadas por la SPR. Es, a su vez, continuación de una serie de trabajos semejantes llevados a cabo por la SPR desde 1882.

La primera colección de casos relacionados con la percepción extrasensorial fue publicada en 1886 por Gurney, Myers y Podmore, con el título de «Fantasmas de los vivos», para distinguir estos casos de aquellos en los que se «recibía» un presunto mensaje de una persona ya fallecida. Posteriormente, Mrs. Sidgwick y Mrs. Johnson publicaron, en 1894, otra nueva colección de casos acaecidos entre 1889 y 1894, con el título «Report on the census of allucinations», que sería completada por la publicación anteriormente citada en 1922. Todas estas colecciones están realizadas con una metodología semejante. Son casos que fueron investigados directamente por miembros de la sociedad, o bien fueron comunicados a ésta espontáneamente o como contestación a encuestas sistemáticas. En cualquier caso, la aceptación de los sucesos en el censo de fenómenos paranormales de la SPR iba precedida de una serie de investigaciones tendentes a comprobar la autenticidad del relato y su posible carácter paranormal. Se rechazaron todos aquellos en que el relato no era contado por las propias personas a las que sucedió, e igualmente se rechazaron aquellos en que la transcripción del hecho se realizó con mucha posterioridad, o cuando los narradores no merecían suficiente confianza a juicio de los investigadores. Entre todos los casos seleccionados, se dio una especial importancia a los que podían ser confirmados por terceras personas, y a los que presentaban algún tipo de prueba adicional. Consecuencia de este trabajo investigador es la colección de casos de la SPR, en cuyos archivos hay más de un millar de observaciones, de características semejantes a la relatada, en cuanto a fiabilidad se refiere.

Analizando los casos recopilados se observan varios aspectos interesantes que se presentan con cierta frecuencia. En primer lugar, cabe señalar que todos ellos se producen cuando las personas que los relatan no lo esperaban; en su mayor parte fueron tomados por un posible aviso de desgracia o como poseedores de cierta significación, según pone claramente de manifiesto la conducta de los sujetos que se ven impulsados a contarlo a las personas que tienen a su alrededor, antes de conocer su exacto significado o, como en el caso anteriormente transcrito, a ponerse en contacto con la persona a que se refería la experiencia. Otra característica importante, que, como veremos, se repetirá en las colecciones de casos más modernos, es el estado de consciencia del receptor: la mayor parte de los sucesos acaecen cuando el sujeto está dormido (o adormilado), muy cansado o en un estado de relajación. Por último, cabe reseñar que suelen referirse a desgracias —accidentes, fallecimientos...— que afectan a personas muy cercanas al perceptor —parientes, esposo...

A continuación transcribieremos un caso tomado también de la colección de Mrs. Sidgwick, de 1922: «El 8 de noviembre de 1894, el príncipe Víctor Duleep Singh escribió una carta describiendo un suceso ocurrido el 21 de octubre de 1893, algo más de doce meses antes. Simultáneamente se obtuvo confirmación por escrito de lord Carnavon, quien señaló que el príncipe Víctor le había contado la experiencia la mañana del 22 de octubre de 1893.»

El testimonio del príncipe Víctor es el siguiente: «El 21 de octubre de 1893 estaba en Berlín, en compañía de lord Carnavon. Habiendo ido juntos al teatro por la tarde, volvimos antes de la medianoche al hotel, acostándonos seguidamente. Una vez acostado, aún despierto, me encontré mirando a un óleo colgado en la pared situada enfrente de mi cama. Entonces vi, claramente, la cabeza de mi padre, el majarajah Duleep Singh, como si estuviese enmarcada en el cuadro. Sin embargo, no parecía un retrato, sino la cabeza real llenando el marco. Continué mirando y mi padre pareció volver su mirada con una expresión cargada de intencionalidad. No estaba alarmado en absoluto; pero sí tan intrigado que me levanté de la cama para mirar lo que había en el cuadro. Pude comprobar que se trataba de un óleo vulgar, con una muchacha apoyada en un balcón, que llevaba una rosa en la mano, y bajo un arco que cerraba la perspectiva. La cara de la muchacha era sumamente pequeña, mientras la cabeza de mi padre era de tamaño natural.

»A la mañana siguiente relaté el episodio a lord Carnavon. Por la noche, al volver, bastante tarde,al hotel, lord Carnovon tomó dos telegramas que iban dirigidos a mí. En ellos se anunciaba la muerte de mi padre, el maharajah. Había tenido un ataque de apoplejía, alrededor de las nueve de la noche del día 21, no habiendo recobrado nunca la consciencia. Su muerte se produjo a primeras horas de la tarde del día 22. Desde varios años antes conocía el mal estado de salud de mi padre, pero ni yo ni lord Carnavon teníamos ninguna causa especial de ansiedad por él en aquellos momentos, y nunca, anteriormente, había tenido una experiencia similar.»

Lord Carnavon, en su escrito, confirma que el telegrama notificando la enfermedad y posterior muerte del maharajah llegó alrededor de la media noche del día 22, y que ninguno de ellos tenía previo conocimiento de estos hechos.

Si la experiencia del príncipe Víctor ocurrió en la media noche del 21 de octubre en Berlín, en la India Central debían ser alrededor de las cuatro y media de la madrugada del día 22 de octubre, esto es, unas siete horas y media después de que el maharajah sufriese el ataque y alrededor de nueve horas y media antes de su fallecimiento.

Los casos espontáneos de L. E. Rhine

Con posterioridad se han realizado numerosas colecciones de casos espontáneos. Entre todas ellas es, sin duda, la más conocida, la realizada por Louisa E. Rhine, que fue apareciendo paulatinamente en la revista «Journal of Parapsychology», a intervalos frecuentes entre 1951 y 1964. En esta colección de casos el objetivo perseguido es parcialmente distinto del que buscaban los pioneros de la SPR. La colección de L. E. Rhine no pretende demostrar la existencia de la percepción extrasensorial, sino analizar los informes para extraer de ellos sugerencias que puedan ayudar a conocer mejor la naturaleza del fenómeno y, eventualmente, marcar nuevas líneas de investigación. Como consecuencia de esta orientación general, la selección de casos se hizo teniendo en cuenta su significación práctica, en lugar de su valor probatorio, aceptándose algunos que no cumplen todos los requisitos exigidos por los investigadores de la SPR. La selección contiene aproximadamente 7.000 casos, en los que, presuntamente, ha intervenido la percepción extrasensorial en cualquiera de sus formas. Muchas son las importantes consecuencias que se pueden extraer del análiis de los datos, algunas de las cuales se tratarán más detalladamente en capítulos posteriores. Uno de los aspectos que más nos pueden interesar de la colección es el esfuerzo tipificador de la experiencia paranormal realizado por la autora, quien, en base a los casos recopilados, concluye que las tres formas de percepción extrasensorial pueden adoptar cuatro apariencias distintas: realistas, no ralistas, alucinatorias e intuitivas. Veamos cada uno de estos tipos con más detalle acompañándolos con ejemplos.

Las realistas se caracterizan por su gran cantidad de detalles, su clara concordancia con la realidad y su apariencia puramente pictórica. El mayor número de estos casos se refiere a sueños de anticipación en los que el sujeto «ve» el paisaje o la «foto» de algún sitio desconocido, al que posteriormente llega y comprueba la semejanza entre lo soñado y lo contemplado. L. E. Rhine nos relata, entre otros, el siguiente caso en «Las cuatro caras de la ESP», 1976: «Una mujer de Virginia Occidental tenía que trasladarse a Utah, donde su padre había comprado una extensión de tierra. Tanto ella como su marido habían decidido trasladarse también al Oeste. Antes de dejar Virginia Occidental tuvo un sueño, según el cual se hallaba en Utah, mirando desde cierta distancia la ciudad más próxima a la propiedad de su padre. La veía extendida a la luz del atardecer, bajo el sol poniente que hacía brillar los techos. Hasta donde su vista alcanzaba, en torno suyo, todo era gris y desolador. El desierto se extendía kilómetros y kilómetros, árido y lúgubre. Al contemplarlo, sintió una angustia tan grande que se despertó, advirtiendo en seguida que, no obstante su nitidez, sólo se trataba de un sueño.

»Cuando llegaron a Utah, tanto ella como su marido se sintieron decepcionados. No estaban preparados para un cambio semejante. Poco después decidieron volverse; cargaron todas sus pertenencias en un carro y su padre los condujo a la ciudad más cercana, para que tomasen la diligencia. Debían atravesar una alta meseta. Repentinamente llegaron a la vertiente donde repechaba la cuesta. Desde allí se divisaba exactamente el paisaje del sueño. No lejos, la ciudad se extendía sobre suelo llano y los rayos del sol se reflejaban sobre los tejados mientras que alrededor de ellos sólo se extendía el desierto.»

Normalmente este tipo de experiencias son susceptibles de variadas explicaciones, algunas fuera de lo paranormal; pero, en general, sorprenden por su aparente nitidez y por la clara concordancia entre lo soñado y la realidad posteriormente contemplada.

Algunas veces el significado de la experiencia viene expresado por simbolismos que, en general, el sujeto comprende fácilmente; aunque, en ocasiones, su significación sólo se haga patente «a posteriori». En otros casos no existe simbolismo alguno, pero la experiencia tenida no coincide totalmente con la realidad. Un grupo y otro se encuentran englobados en los casos que L. E. Rhine denomina «experiencias no realistas». A continuación transcribiré una serie de sueños, correspondientes todos al mismo sujeto, que tienen un interés especial, dado que en ellos se genera un simbolismo subjetivo que, posteriormente, se repetirá con insistencia en ocasiones semejantes.

«El primero de los sueños se produjo cuando tenía doce años, mientras su madre estaba muy enferma, estando dormida en el jardín. Soñé que veía a mi madre. Bajaba por una hermosa avenida de árboles, alejándose de mí. Corrí tan rápido como pude, pero me di cuenta de que jamás la alcanzaría. La llamé. Ella se volvió, levantó la mano y me dijo: "Regresa a casa, querida, tu padre te necesita": Me desperté inmediatamente y corrí a casa. En la entrada mi padre vino a mi encuentro y me tomó en sus brazos: "Hijita, voy a necesitarte mucho, tu madre nos ha dejado". Le conté que la había visto caminando muy rápido por una avenida de árboles que no conocía, y mi padre me dijo: "Ella quiso decirte adiós". Nunca olvidé este sueño. A lo largo de años y en algunas ocasiones, volvía a ver, mientras dormía, aquella avenida bordeada de árboles.»

«La segunda vez fue cuando mi hermano menor estaba enfermo en un hospital, en otro Estado. También yo estaba entonces enferma, de modo que cuando murió no pude viajar con mi padre y mis otros hermanos. Aquella noche, soñé que mi hermano andaba por la avenida de árboles que yo había visto doce años atrás; y cuando intenté alcanzarlo, me dijo que no lo siguiera y que regresara. Mi padre trajo los restos para enterrarlo en nuestro pueblo. Le conté mi sueño precisándole la hora: mi hermano había muerto unos pocos minutos antes de que yo me despertase.»

«Después, en enero de 1947, tras haber pasado una

velada jugando al bridge en casa de unos amigos, mi marido y yo nos acostamos, y de nuevo tuve este sueño: esta vez era mi marido quien se alejaba caminando rápido. Y yo corría gritándole que se detuviese. Como en los otros sueños, mi marido levantó la mano y me dijo: "Ante todo piensa en nuestros hijos, que tienen necesidad de ti; vuelve con ellos". Yo tenía miedo y me agitaba en el sueño, hasta el punto que lo tomé del brazo y lo desperté. Lo primero que me dijo fue: "No me siento bien, llama al médico". Murió unos minutos más tarde.»

«Otra vez, un Viernes Santo de 1950, mis hijas y una de sus amigas fueron al baile. Antes de su regreso soñé que habían tenido un accidente justo enfrente de casa y volví a ver la misma avenida de árboles. A la una de la madrugada, mis hijas regresaron a casa y yo les conté mi sueño, contenta de que estuviesen sanas y salvas. A la noche siguiente mis hijas organizaron un baile en casa. Su amiga se mató cuando regresaba a su hogar, no lejos del nuestro; y el accidente ocurrió tal y como yo lo había soñado.»

Los sueños presuntamente relacionados con la percepción extrasensorial no suelen tener simbolismos muy complicados; por el contrario, parece como si quisieran manifestarse con claridad. Sin embargo, a través de los casos espontáneos, podemos observar cómo en muchas ocasiones faltan los elementos esenciales, refiriéndose a ellos de forma indirecta. Así, por ejemplo, el sueño de una madre, narrado por L. E. Rhine, en el que su hijo le entrega el uniforme de marina totalmente mojado, con expresiones de pena. Poco después recibe el aviso de que el barco en que su hijo iba había naufragado, falleciendo su hijo. En éste y otros casos semejantes observamos que parece como si, percibida inconscientemente la información, hubiese habido una reelaboración, encaminada a evitar los aspectos dolorosos de la experiencia.

Representaciones de personas «en vivo»

Un tercer bloque de experiencia de PES está formado por aquellas en las que el narrador percibe en vivo a la persona a que se refiere. Generalmente estas alucinaciones se producen en situaciones próximas al sueño, pero son percibidas por el sujeto como reales; de tal forma que, en ningún caso, tienen dudas sobre la realidad de lo observado. El caso que narraremos a continuación no pertenece a la colección de L. E. Rhine, sino que está extraído del primer informe de la Comisión Literaria de la SPR (dedicada a recoger casos espontáneos) en 1883. Si hemos preferido narrar este caso se debe a las condiciones que lo acompañan, en cuanto a fiabilidad se refiere, dado que se pudo reunir el testimonio de bastantes personas que tuvieron conocimiento de la alucinación con anterioridad a la comprobación de su veracidad. De otra parte, este caso ilustra perfectamente el carácter vívido de la experiencia alucinatoria. El informe del capitán G. F. Russell Colt, de Gartsherrie, era el siguiente:

«Estaba de vacaciones, residiendo con mi familia y mi madre... en una vieja mansión familiar en Mid-Lothian. Mi dormitorio era una curiosa habitación vieja, alargada y estrecha, con una ventana en un extremo y la puerta en otro. La cama estaba a la derecha de la ventana, de espaldas a la puerta. Yo tenía un hermano muy querido, Oliver, teniente del Séptimo Regimiento de Fusileros Reales. Mantenía correspondencia con él frecuentemente; y una vez que me escribió bajo de ánimo, no sintiéndose bien, le contesté que debía animarse pero que, si le pasaba algo, debía comunicármelo apareciéndose en mi habitación. Esta carta, según he sabido posteriormente, la recibió y le causó gran impresión... Mi hermano falleció en una batalla, habiendo sido encontrado posteriormente por su regimiento casi arrodillado en el suelo. La noche en que falleció, me desperté súbitamente y le vi, arrodillado de cara a la ventana, al lado de mi cama. Traté de hablarle, pero no pude. Oculté mi cabeza entre las sábanas, no porque estuviese totalmente aterrorizado (a todos nosotros se nos había enseñado a no creer en fantasmas o apariciones), sino simplemente para ordenar mis ideas, dado que yo no había estado pensando ni soñando con él y, de hecho, había olvidado las cosas que le había escrito en la carta a la que me referí anteriormente. Decidí que debía haber sido imaginación mía, debida a la luz de la luna que jugaba con los visillos o algo que estuviera fuera de su lugar. Pero, cuando volví a mirar, él estaba allí otra vez, mirándome triste, amorosa e implorantemente. Traté nuevamente de hablar, pero me encontré con la boca seca, incapaz de articular palabra. Salté de la cama, fui a mirar a través de la ventana y observé que no había luna: estaba muy oscuro y llovía. Me volví y, nuevamente, ví al pobre Oliver. Me restregué los ojos, atravesando la habitación hasta la puerta. Cuando giré el picaporte, antes de salir del cuarto, miré otra vez. La aparición volvió lentamente su cabeza y de nuevo me miró ansiosa y amorosamente. Entonces advertí por primera vez una herida en el lado derecho de su cara, por encima del carrillo, de la que brotaba una línea roja. Su cara estaba muy pálida y casi transparente. Pero es casi imposible describir su apariencia. Dejé la habitación y me fui a la de un amigo, tumbándome en el sofá para pasar el resto de la noche. Le conté a él la causa, así como a otros de la casa; pero cuando se lo conté a mi padre, me ordenó que no repitiese tal sin-sentido y, especialmente, que no se lo dijese a mi madre. El lunes siguiente recibimos una notificación de Sir Alexander Milne comunicándonos la batalla, pero sin dar más detalles. Le pedí a mi amigo que tratase de enterarse del nombre de los muertos y heridos en ella. Al día siguiente, fue a mi dormitorio en la casa de mi madre en Athole Crescent, en Edimburgo, con semblante muy serio. Le dije: "Supongo que me traes las malas noticias que esperaba." Y él me dijo simplemente que sí. El coronel del regimiento y otros dos oficiales, que habían visto el cuerpo, confirmaron que la apariencia general del cadáver era tal y como yo la había visto y que la herida estaba en el mismo sitio que la de la aparición. Según los datos que me dieron, la aparición debió tener lugar unas pocas horas después de su fallecimiento.»

Los diversos testimonios señalados por el capitán Russell fueron recogidos por la comisión investigadora, encontrándolos coincidentes.

Casos de experiencia intuitiva

Un último grupo de manifestaciones espontáneas de la percepción extrasensorial, está compuesto por todos aquellos casos en los que el sujeto no recibe una imagen directa del objeto o situación captada, sino que, exclusivamente, tienen un especial convencimiento, un conocimiento repentino del suceso en cuestión. Este último grupo es el que L. E. Rhine denomina experiencia «intuitiva». En su mayor parte estos casos ocurren estando el sujeto plenamente vigil y su falta de entorno hace que sean difícilmente creíbles por otra persona distinta del interesado. L. E. Rhine narra un caso sumamente claro de este tipo de experiencias.

En 1907, un estudiante estaba de vacaciones en su casa materna, en Iowa, cuando presenció un acontecimiento de este tipo. «Mis padres se habían divorciado en 1905. Para mi madre, este divorcio era motivo de vergüenza y pena; lo sentía como una verdadera derrota. Un día le pregunté: ¿Qué te ocurre, mamá? Ella me respondió: "Tu padre está casándose". Esto me hizo reír: "Pero mamá, es imposible. Me lo habría dicho. Hace apenas unos días recibí una carta suya; justo antes de venir aquí". Pero no fue posible convencerla: estaba persuadida de que mi padre volvía a casarse en ese mismo momento. Yo estaba completamente seguro de que me lo habría dicho, ya que no nos ocultábamos nada, como prueba nuestra correspondencia. Sin embargo, unos días más tarde, recibí una carta de mi padre donde me decía que se había casado en Nueva York; precisamente la tarde del día en que mi madre y yo estábamos en Iowa.»

A lo largo de las páginas de este capítulo, hemos pasado revista a las principales colecciones de casos espontáneos de telepatía y clarividencia, realizadas en los últimos cien años. No se ha hecho mención a la precognición, aunque alguno de los casos citados pudiera parecer relacionado con la hipótesis precognitiva. Esta omisión ha sido plenamente intencionada: la telepatía y la clarividencia se presentan generalmente unidas y suele ser difícil su diferenciación práctica; hasta el punto de que la mayor parte de la pruebas hoy existentes avalan la hipótesis de que se trata de un mismo fenómeno con dos formas conceptuales de aparición.

Sin embargo, la precognición plantea problemas metodológicos, teóricos y experimentales, claramente diferenciados. Por esta causa se dedica un capítulo específico a discutir su existencia y valorar las pruebas que a su favor nos ofrece la parapsicología. De otra parte, no todos los parapsicólogos consideran que la precognición, como conocimiento directo del futuro, está suficientemente probada; mientras que la práctica totalidad de los especialistas afirman que la telepatía y clarividencia, como fenómeno unitario, no necesitaba nuevas pruebas. De ahí que las líneas experimentales actualmente en boga han dejado a un lado el problema de la demostración del fenómeno para pasar al estudio de sus características.

Por último, es necesario hacer unas consideraciones sobre el valor probatorio de los casos anteriormente reseñados y señalar las críticas que contra ellos se han lanzado en numerosas ocasiones. Este tipo de hechos suelen ser experiencias aisladas, en las que casi nunca es posible comprobar exactamente las circunstancias de la aparición. En la mayor parte de los casos hemos de limitarnos a pruebas indirectas, basadas en testimonios personales que, lógicamente, se hallan sujetos a error. Más aún: es naturalmente previsible que, dado el carácter altamente emotivo de las experiencias y el lapso de tiempo transcurrido entre que se produce y se comunica a los investigadores, puedan existir importantes transformaciones entre lo que realmente sucedió y lo que el sujeto cuenta. Sin embargo, la gran cantidad de casos recogidos y el cuidado con que se investigaron antes de admitirlos como válidos, sobre todo en las colecciones de la SPR, hace pensar que, en un alto tanto por ciento de ellos, se acomodan en lo esencial a la realidad.

Una segunda crítica que suele realizarse a estas colecciones, es su carácter cualitativo. Efectivamente, es muy difícil cuantificar la probabilidad de que el príncipe Víctor tuviese la alucinación de la cara de su padre justo la noche en que éste estaba en coma, poco antes de fallecer. En último extremo no cabe duda que pudo deberse a una coincidencia, aunque esto parece más difícil de creer que la propia hipótesis PES. En general, este tipo de experiencias tienen un valor probatorio puramente subjetivo; por sí solas no suelen considerarse suficientes por parte de los científicos. A pesar de ello son extremadamente importantes dado que, al considerar los varios millares de casos existentes, bien documentados, en los que se encuentran relacionadas, con nombres y apellidos, personas vivas en el momento de su publicación y, en algunos casos, de relevancia científica, literaria o política, al observarlos globalmente, decía, no cabe menos que pensar que en ellos hay algo más que una mera posibilidad, sirviendo de acicate para una investigación más profunda.

Estas colecciones, además de su valor probatorio, han servido para poner de manifiesto algunas características del fenómeno en su forma natural de aparición. Su riqueza de matices ha permitido a los estudiosos realizar hipótesis operativas sobre la naturaleza de la PES, que han demostrado ser fructíferas en el tratamiento experimental, pero esto lo veremos con mayor detalle posteriormente.

2

Los grandes dotados

El fenómeno paranormal aparece casi siempre ligado a personas determinadas. Ya en la antigüedad se consideraba que no todas las personas eran capaces de obtener la cooperación de los dioses o demonios al servicio de sus necesidades; de ahí que aquellos a los que les acaecían con frecuencia sucesos «extraordinarios» eran considerados magos o poseídos por poderosas entidades ajenas al mundo material. En los orígenes de la parapsicología, esta constante histórica permanece. En sus primeras comunicaciones experimentales, los investigadores de la SPR y los de otros centros, se dedican a trabajar con «mediums» espiritistas o personas que, de una u otra forma, manifiesten condiciones especiales para producir los eventos paranormales. En nuestros días, quizá por la dificultad de conseguir la cooperación de los datos, esta vía de investigación ocupa menos espacio en las revistas especializadas, sin que, por ello, se haya abandonado. Investigar con personas presuntamente dotadas produce algunos problemas prácticos, debido a la alta susceptibilidad de que suelen hacer gala, así como a su capitalización por círculos esoteristas. Sin embargo, son muy numerosos los trabajos de este tipo publicados.

Durante los primeros años de la parapsicología, la investigación fue casi exclusivamente cualitativa, centrándose en objetivos de difícil cuantificación, salvo algunos esfuerzos aislados. Así, la mayor parte de las experiencias consisten en el intento por parte del dotado de adivinar un determinado objeto o una situación compleja. Junto a este tipo de investigaciones hay un amplio número de ellas centrado en la producción de estos fenómenos mediante la hipnosis. A continuación reseñaremos dos ejemplos clásicos de investigación con dotados, elegidos entre los varios cientos de experiencias publicadas. Posteriormente analizaremos algunas investigaciones modernas en este campo.

Leonie B.: la comunicación con el hipnotizador

Uno de los dotados más famosos de finales del siglo pasado, en cuanto a telepatía se refiere, fue Leonie B. Esta mujer, residente en el Havre, fue investigada por Pierre Janet, Frederic Mayers y Charles Richet entre otras prestigiosas figuras. Richet nos la describe como una mujer de 45 años, afable, dulce, simple y muy tímida. Desde la infancia tuvo crisis de sonambulismo natural y, posteriormente, con el doctor Gilbert demostró ser muy fácilmente hipnotizable. En las experiencias llevadas a cabo por Gilbert, en otoño de 1885, pudo comprobar que sólo quedaba hipnotizada cuando él se concentraba fuertemente con esta intención; en caso contrario, aunque realizase todas las acciones que normalmente llevaba a cabo para hipnotizarla, no conseguía el estado apetecido. Posteriormente, realizó con ella algunos intentos de transmisión de pensamiento, obteniendo el éxito apetecido. Fue entonces cuando, a sugerencia de P. Janet, realizó los primeros intentos de provocar la hipnosis a distancia en compañía del citado Dr. Janet. Inicialmente, se intentó cuando Leonie se encontraba en la otra parte de la ciudad, en un momento elegido por Janet u otro amigo y que era desconocido para Leonie. En los dos primeros intentos, P. Janet, al ir a buscarla, la encontró sumida en un profundo estado de trance del que sólo Gilbert pudo despertarla. En la tercera prueba, Leonie sintió un intenso deseo de andar, del que sólo pudo liberarse introduciendo sus manos en agua fría.

Otra serie de éxitos de naturaleza semejante fueron obtenidos con Leonie B. en la primavera de 1886. Tres de ellos fueron dirigidos por Myers, siendo Leonie hipnotizada por Gilbert en dos ocasiones y por Janet en otra, con pleno éxito y reconociendo la fuente de que provenía la influencia. Se realizaron en total 21 experiencias a más de 550 metros de distancia. Contando como fallos aquellos en que la sujeto no caía en estado de trance en un intervalo de 15 minutos, se produjeron 15 éxitos completos. La significación de estos datos aumenta si tenemos en cuenta que la hora era elegida al azar, habiendo gran oscilación entre las horas de los éxitos, y que Leonie no cayó espontáneamente en trance en ningún momento, fuera de las experiencias anteriormente citadas.

De septiembre a diciembre de 1886 realizaron otras 33 experiencias, alguna de ellas con la colaboración de Richet. En ellas se dieron solamente doce fallos. Duante este período Leonie se durmió espontáneamente en cuatro ocasiones. Por último, señalar que posteriormente realizó C. Richet otras experiencias con la misma dotada con resultados semejantes.

Las experiencias con Leonie suponen una especial comunicación entre la sujeto y el hipnotizador que es capaz de manifestar sus efectos a grandes distancias, en algunos casos de hasta dos kilómetros, y producir los efectos deseados: desde dormir simplemente a hacerla cruzar todo el Havre en estado sonambúlico. El nivel de éxitos es de tal cuantía que hace innecesario un análisis estadístico que, por otro lado, sería difícil de ejecutar. En este sentido, Richet, el pionero de la investigación cuantitativa, llevó a cabo con Leonie una serie de sesiones con cartas de la baraja francesa introducidas en sobres opacos. Realizó 68 experiencias de las que: en 12 acertó la carta correctamente (lo esperable por azar son 1 ó 2), y en 36 acertó correctamente el palo (en vez de 17 que sería lo teóricamente esperable). Evidentemente, el número de experiencias es muy limitado, pero es otro dato más a favor de la supuesta capacidad de Leonie.

Ossowiecki: la percepción extrasensorial

Junto con casos como el de Leonie que, al no ser médium profesional, realizaba experiencias sólo en presencia y a instancia de los investigadores, hubo gran cantidad de dotados que utilizaron sistemáticamente sus capacidades, dando exhibiciones o al servicio de comunidades espiritistas. Varios de ellos pudieron ser estudiados con detenimiento por los especialistas, pudiéndose comprobar que, junto con gran cantidad de farsantes que realizaban sus experiencias en base a trucos, había algunos que, probablemente, eran auténticos dotados. Entre ellos podemos señalar al polaco Ossowiecki, a Ludwing Kahn, Pascal Fortuny o, más modernamente, a Gérard Croiset.

Stephan Ossowiecki fue uno de los más grandes dotados de percepción extrasensorial de principios de este siglo. Fue estudiado por numerosos investigadores. Uno de sus casos más famosos se produjo, en excelentes condiciones de control, en los locales de la SPR en Londres: se dibujó en papel rayado una botella de tinta sobre la que figuraban la palabra SWAN, subrayada con una línea azul, y la palabra INK, subrayada con una línea roja. Este dibujo fue doblado y guardado ante testigos en una serie de sobre sellados, introducidos unos en otros. Posteriormente se entregaron a Ossowiecki, ante una comisión. El médium realizó un dibujo que sólo difería del original en la inversión de las líneas roja y azul. En este caso, como en la mayor parte de los realizados por aquel entonces, no se aislaba suficientemente el fenómeno, lo que ha dado lugar a que se hayan levantado fuertes críticas contra la validez probatoria de esta manifestaciones.

Una de las críticas más extendidas es la posibilidad de utilización de algún truco de prestidigitación, que trataba de evitarse poniendo el máximo cuidado y formando parte de los equipos de investigadores prestidigitadores profesionales. Junto con el truco, se ha aludido en numerosas ocasiones a la posibilidad de que el dotado pudiese captar el mensaje de alguno de los presentes; pero no por telepatía, sino por una especial agudeza de sus sentidos que le permitiera interpretar involuntarios movimientos de los labios o murmullos, normalmente inaudibles, emitidos por los participantes. Para evitar esta contra-hipótesis se realizaron numerosas experiencias en las que ninguno de los presentes, ni el dotado, ni los investigadores, conocían el objetivo de la prueba. Entre ellas podemos señalar las realizadas por Geley y Richet con Ossowiecki (experiencias que fueron recogidas por Richet en su estudio titulado «Casos de saber irracional»).

En una ocasión, Richet introduce una carta en un sobre cerrado que entrega a Geley, quien no conoce su contenido. Posteriormente, éste se la presenta a Ossowiecki, que dice: «Es una señora llamada Berger. Se habla de una señora llamada Berger. El señor que escribió la carta tiene unos cincuenta años. Es una invitación que viene de un lugar cerca del mar. La señora Berger tiene treinta y tres años y está casada. Es una carta escrita muy rápido, desordenadamente. El señor que la ha escrito tiene un nombre musical.» Se trataba de una carta mal escrita e incoherente, del amigo de Richet, R. Berger, de Berlín, en la que le invitaba a dar conferencias en esta ciudad y le proponía ser huésped de la señora Berger. Evidentemente había algunos elementos que no coincidían: por ejemplo, Berlín no está cerca del mar; pero en general las coincidencias son sumamente notables.

Nicolaiev y Kamensky: los mensajes telepáticos

Más modernamente se ha continuado realizando experiencias cuantitativas con dotados; pero fundamentalmente el interés se ha centrado en las investigaciones que permitían una fácil valoración estadística. Paralelamente se han incrementado los controles, haciéndose especial hincapié en la utilización de registros fisiológicos que permitan un mayor conocimiento de las características del momento de producción del fenómeno PES. En este sentido, son ejemplares las investigaciones realizadas por los parapsicólogos rusos con Yuri Kamensky y Karl Nikolaiev. Investigaciones que nos han sido relatadas por dos periodistas americanos, como consecuencia de sus contactos con parapsicólogos soviéticos, principalmente con Edward Naumov. Según Ostrander y Schroeder esta pareja de dotados rusos obtendría comunicaciones telepáticas de gran precisión aun a grandes distancias. Acostumbrados a trabajar juntos durante mucho tiempo, habrían conseguido una compenetración tal que prácticamente sólo obtenían resultados con su compañero y no con terceras personas.

Kamensky es el emisor mientras que Nikolaiev recibe los mensajes. La mayor parte de las investigaciones fueron realizadas por el grupo Popov bajo la dirección del Dr. Ippolit Kogan. Con intención de conseguir un registro continuo de las modificaciones electroencefalográficas de ambos sujetos, las experiencias eran realizadas en laboratorios aislados, mientras un electroencefalógrafo registraba las oscilaciones en la actividad cerebral durante las experiencias.Simultáneamente, fuera de la habitación aislada, los miembros del grupo de investigadores controlaban otras constantes fisiológicas de los sujetos. En las primeras experiencias, cuando Nikolaiev sentía que estaba percibiendo algo, agitaba la mano, siendo registrado por los investigadores el momento en que se producía. Al acabar la sesión, Nikolaiev explicaba lo que había sentido, comparándolo con el objeto emitido. Durante la prueba, Nikolaiev desconocía el momento en que se produciría el intento de comunicación, el tipo de objetivo que ésta tendría —un color, un objeto, una sensación...— y el número de objetivos que se iban a emitir. En estas condiciones se hicieron gran cantidad de experiencias a distancias variables que oscilaban entre: dos habitaciones del centro de investigación en Moscú y varios miles de kilómetros, como la realizada con éxito estando Kamensky en Moscú y Nikolaiev en Leningrado.

La mayor evidencia de la existencia de la PES no la constituyen los grandes éxitos de captación, sino las observaciones realizadas sobre cambios sistemáticos en las ondas cerebrales de los sujetos; si bien este último aspecto exige la repetición de las investigaciones con otros dotados, hasta comprobar que se trata de un aspecto general del fenómeno paranormal. Concretamente, el doctor Kogan señala que en el momento de la trasmisión telepática las ondas cerebrales de los sujetos cambian drásticamene. Afirma que el electroencefalograma de Nikolaiev manifiesta una inusual activación entre uno y cinco segundos después de comenzar la trasmisión telepática. Siempre se detectaba unos segundos antes de que Nikolaiev fuese consciente de recibir el mensaje telepático. Al principio se encontraba una excitación general no específica en las zonas frontales y medias del cerebro. En los casos en que Nikolaiev era consciente del mensaje enviado, la activación cerebral se localizaba en las zonas aferentes correspondientes al tipo de estimulación enviado. Así, si se trataba de una imagen, la excitación se concretaba en la zona occipital del cerebro. Cuando Nikolaiev no conseguía hacer consciente el mensaje, el paso de la excitación inespecífica a la localizada no se producía. Este hecho, de demostrarse suficientemente, tendría una gran trasçendencia, pues nos podría permitir mejorar las técnicas de desarrollo de la PES, y sobre todo conocer mejor la naturaleza del fenómeno paranormal.

Experiencias como la anteriormente reseñada se han

realizado en numerosas ocasiones en occidente, ahora bien, los resultados no han sido tan espectaculares. Sin embargo, las constantes advertencias en los registros fisiológicos son una de las pruebas que pueden aducirse en favor de la PES.

Pavel Stephanev: algo más que el azar

Las investigaciones modernas, como hemos dicho, tienden a ser fundamentalmente cuantitativas. En este tipo de experiencias el objeto a captar es uno entre varias alternativas, de tal forma que el sujeto receptor se limita a realizar una elección entre éstas. Mediante esta técnica se consigue facilitar la valoración de los resultados, puesto que se conoce de antemano la posibilidad que tiene el sujeto de acertar si únicamente interviniese el azar. Generalmente, una persona especializada en esta clase de objetos resulta menos espectacular que los dotados anteriormente citados, pero, quizá, la mayor prueba de la existencia de la PES se encuentre en los resultados obtenidos por el checo Pavel Stephanev. El no es capaz de realizar grandes adivinaciones; su capacidad PES se limita a la posibilidad de acertar cuál de las caras de una cartulina, envuelta en un sobre, está boca arriba. Lo que le convierte en un caso sorprendente es su capacidad de conseguir constantemente un nivel de aciertos algo por encima del azar, y ello en varios miles de pruebas, con distintos investigadores y en diversas partes del mundo.

Stephanev fue entrenado por el doctor Mylan Rylz dentro de su programa de desarrollo de la PES. Los pormenores de sus trabajos realizados con el dotado PS aparecen recogidas en su estudio «Hipnosis y ESP» (Barcelona, 1974). El objetivo de las pruebas era una cartulina blanca por un lado y negra por otro (posteriormente se probaron otros colores acabando por elegir las que eran blancas y verdes). Estas cartulinas eran introducidas en sobres opacos, corrientemente en dos, por una persona distinta del experimentador, salvo en las primeras pruebas, en las que M. Rylz realizaba por sí mismo esta operación. Los sobres ya preparados se le pasaban a Stephanev quien, tomándolos entre sus manos en ocasiones y otras veces sin tocarlos, decía cuál era la cara que estaba en el lado superior. Frecuentemente se trabajaba en series de diez sobres, comprobándose a continuación el número de aciertos.

Con esta metodología se realizaron gran cantidad de series. Las primeras, llevadas a cabo por M. Rylz y su esposa, consistieron en 2.000 pruebas, consignándose 1.144 éxitos y 856 errores, en vez de los 1.000 éxitos esperables por azar. Estos resultados, aparentemente sin importancia, valorados estadísticamente, arrojan una probabilidad de producción por azar menor que 10^{-9}. Teóricamente habrían de repetirse los 2.000 intentos mil millones de veces para que por azar se produjese una serie con ese número de aciertos. Los mismos investigadores llevaron a cabo otra segunda serie que, a diferencia de la primera, fue realizada en estado de hipnosis. Se llevó a cabo con el sujeto en auto-hipnosis. Se realizaron otras 2.000 pruebas, 1.000 de ellas en presencia de los investigadores y las otras 1.000 en su propio domicilio, sin ellos, que comprobaron después que los sobres no habían sido abiertos. En las primeras obtuvo 661 aciertos y 339 fallos y en las segundas 602 aciertos y 398 errores. Ambos resultados son estadísticamente significativos: la suma de ambos arroja 1.263

aciertos, mayor cantidad aún que la obtenida en la primera experiencia. Otra prueba llevada a cabo por Rylz con Stephanev tuvo por objeto determinar con qué colores conseguía mejores resultados. Para ello se trabajó sobre 25 pares de colores, realizando con cada uno de ellos 1.000 pruebas. De los 25.000 intentos resultantes se obtuvieron 16.136 aciertos y 8.834 fallos, lo que resulta aún más significativo si tenemos en cuenta que hubo colores en que obtuvo resultados cercanos al azar (por ejemplo: Rojo-azul con 538 aciertos y 462 fallos) mientras que en la pareja blanco-verde consiguió 845 aciertos y sólo 155 errores. La significación de estas cifras excede nuestra imaginación. Por último, los mismos autores realizaron otras series encaminadas a determinar la importancia de la intensidad del color. Para ello fueron debilitando paulatinamente la intensidad del color negro, hasta que, en las últimas pruebas, se limitaron a pintar una de las caras con una solución incolora, a poner un número en una de ellas o, simplemente, a pintarla con agua destilada. En estas condiciones se realizaron 9.500 pruebas de las que 6.372 fueron aciertos y las 3.128 restantes, fallos, consiguiendo éxitos, aunque poco importantes, incluso en las cartulinas pintadas con agua destilada. Si agregamos todas las pruebas realizadas por los esposos Rylz con Stephanev, pasando por alto las diferencias de diseño experimental que no afectan a lo que aquí queremos destacar, vemos que, de un total de 38.500 pruebas, se produjeron 24.915 aciertos y 13.585 errores; en vez de los 19.250 aciertos esperables por azar. Esta diferencia de 5.666 aciertos sobre la media, no podría producirse por azar en varios miles de billones de intentos.

Las experiencias anteriores se realizaron con los mismos investigadores. Sin embargo, posteriormente, se llevaron a cabo otras series en las que intervinieron, junto a Rylz, otros expertos (y varias de ellas en ausencia de Rylz).

Efectivamente, con el parapsicólogo americano doctor Pratt se realizaron tres series experimentales. En la primera, realizada conjuntamente con Rylz, se hicieron sólo 800 pruebas que registraron 452 aciertos. En la segunda, de 2.000 intentos acertó correctamente 1.133, y en la tercera, realizada conjuntamente con el doctor Blom de Holanda en ausencia de Rylz, se llevaron a cabo 6.400 pruebas con un total de 3.541 aciertos. Un comité holandés compuesto por Barendregt y los doctores Barkema y Kappers realizó 2.048 pruebas con un total de 1.216 aciertos. Con posterioridad se han realizado otras pruebas con resultados similares, si bien desde 1971 parece que han decrecido las facultades de Stephanev. En los siete años en que éstas se mantuvieron a alto nivel, sólo una vez no obtuvo resultados significativos en pruebas realizadas tal y como él estaba acostumbrado. Se trata de las realizadas con el doctor Ian Stevenson de la Universidad de Virginia, con quien sólo consiguió 831 aciertos de 1.600 pruebas. En otras ocasiones tampoco consiguió los resultados apetecidos; pero en todos estos casos se trataba de que realizase fenómenos distintos a los que estaba acostumbrado. Así, falló en una serie con Bellof en la que el objetivo eran cartas con motivos eróticos, religiosos, etc. Posteriormente realizó otra prueba con Bellof usando las cartulinas verdes y blancas en la que volvió a obtener resultados positivos. Teniendo en cuenta los dotados anteriormente reseñados, vemos que Pavel Stephanev es capaz de mantener con relativa constancia un nivel de aciertos que sobrepasa aproximadamente en un 10 por 100 el esperable por azar. Habida cuenta del alto tamaño de la muestra, su significación estadística no deja lugar a dudas.

¿Es posible el fraude?

Si en el capítulo anterior tuvimos que señalar la existencia de numerosas críticas a las colecciones de casos, en éste esbozaremos alguno de los argumentos que se han utilizado para rebatir el valor probatorio de las experiencias realizadas con dotados, alguna de las cuales ya se ha mencionado, aunque brevemente, en las páginas precedentes. La objeción más generalizada es la posible realización de fraudes por parte de los dotados que, al fin y al cabo, se dedicaban a producir estos fenómenos, en la mayor parte de las ocasiones con carácter profesional. A favor de los impugnadores de estos fenómenos hay que destacar dos hechos: el primero es que en numerosas ocasiones se encontró a los dotados realizando fraudes. Este hecho, particularmente abundante entre los dotados de efecto físico, supuso un gran descrédito para la parapsicología y aún en nuestros días sigue siéndolo. En segundo término, hemos de tener en cuenta que muchos prestidigitadores son capaces de duplicar fraudulentamente los fenómenos realizados por los supuestos dotados. Ello, aunque no suponga que las experiencias PES hayan sido realizadas con los mismos trucos, les resta mucha fiabilidad. Sin embargo, ya desde los comienzos de la investigación, se tomó clara nota de esta posibilidad utilizando diversos medios para evitarla, fundamentalmente diseños experimentales cada vez más cuidados y la participación, tanto en el diseño experimental como en la realización de las pruebas, de prestidigitadores profesionales. De la validez de los sistemas de control son claro ejemplo los presuntos dotados desenmascarados en su fraude, quienes, no lo olvidemos, han sido descubiertos, en su inmensa mayoría, por parapsicólogos y no por sus detractores. A pesar de ello, para disipar toda duda es necesario diseñar con cuidado los experimentos, de forma que no quepa ninguna posibilidad de fraude. En las experiencias anteriormente reseñadas con Stephanev no hay manera posible de realización de fraude por parte del sujeto, que pudiera utilizarse con éxito en todas las investigaciones.

En muchos casos se ha aludido a un posible falseamiento de los datos por parte de los experimentadores o a la connivencia de éstos con su sujeto para la realización de los fraudes. Desgraciadamente esto ha sido realidad en algunos casos aislados. Pero resulta difícil predicar esta posibilidad de «todos» los investigadores, entre los que se pueden hallar personas de alto relieve científico, como el propio Richet, varias veces citado en este capítulo. Nuevamente, sin embargo, la mejor demostración es evitar la posibilidad de la acusación. De ahí la importancia de algunas investigaciones anteriormente reseñadas. En efecto, dado el número de personas que trabajaron con Ossowiecki, parece imposible hablar de connivencia con los investigadores; si hubo fraude, tenía que realizarlo él solo o con ayuda de una tercera persona distinta de los miembros de las comisiones que le investigaron. Igualmente el caso de P. S. pone de manifiesto la importancia de que se hayan verificado los resultados por varios investigadores. Posteriormente, al estudiar la precognición, veremos cómo uno de los sujetos más espectaculares en este campo, ha sido puesto en duda por considerarse que el único experimentador que le investigó, el doctor Soal, pudo haber falseado alguno de los resultados.

El turno de las contrahipótesis

Excluyendo la posibilidad de obtención fraudulenta de los resultados, una contrahipótesis muchas veces argüida es la de la hiperestesia, mencionada de pasada con anterioridad. Se ha podido comprobar, en diversos estudios realizados en el seno de la psicología, que al pensar intensamente en un objeto o frase se produce un movimiento involuntario de las cuerdas vocales y del aparato fonador que, convenientemente amplificado, puede llegar a ser audible. En circunstancias normales estos sonidos son totalmente imposibles de captar por el oído humano, por encontrarse debajo del umbral de sensibilidad. Sin embargo, ocasionalmente algunas personas pueden tener un umbral de percepción inferior al normal, ya por condiciones fisiológicas, patológicas o, en estados especiales de consciencia, mediante entrenamiento. En estas condiciones se ha lanzado la hipótesis de que algunos dotados podían no serlo, sino simplemente tener una hipersensibilización que les permitiera percibir estímulos por debajo del umbral, tanto en la audición como en estímulos visuales, tactiles u olfativos. De esta forma se impugnan todas aquellas experiencias en las que el experimentador o alguna persona presente en la prueba conociese el objetivo de la misma. La contrahipótesis es arriesgada, pues está lejos de ser demostrada la generalidad del fenómeno hiperestésico que presupone.

Por el contrario, las pruebas acumuladas son favorables a la hipótesis de que la hiperestesia es un fenómeno sumamente raro. Pero, al igual que en los casos anteriores, es necesario evitar el argumento. Para ello se han establecido sistemas que lo eluden totalmente, como son la administración de la prueba por personas que desconozcan su objeto; caso de que éste sea visual, presentarlo de forma tal que, ni aún en el caso de una sensibilidad muy exacervada, pudieran ser captados, etc. En varias de las pruebas anteriormente citadas, así como en la mayor parte de las publicadas desde hace más de cuarenta años, esta hipótesis es considerada y el diseño experimental la evita cuidadosamente. De nuevo cabe citar las experiencias con Stephanev, en varias de las cuales se excluyó esta posibilidad sistemáticamente.

Por último, otra contrahipótesis que ha cobrado especial importancia tras una polémica publicada en el *Journal de la Sociedad Americana de Parapsicología* en 1978, es la de la inferencia lógica. En el caso de grandes series de pruebas con un mismo sujeto cabe que, si los objetos no son seleccionados totalmente al azar, pueda aprender alguna de las reglas de formación de la cadena. Este problema es agudo en el caso de que los objetivos sean seleccionados por el experimentador directamente, ya que se ha observado que, aunque trate de evitarse, se producen constancias en las series de objetivos que, eventualmente, pueden ser captadas por el sujeto. Ello se comprobó en un experimento en el que el sujeto recibía inmediatamente indicación de si se había producido acierto o fallo. En este caso, el sujeto se limitó a elegir uno de los símbolos (entre cinco) y repetirlo hasta que acertaba; a continuación elegía otro hasta un nuevo acierto y así consecutivamente. La estrategia de juego se basaba en la hipótesis de que la probabilidad de que el experimentador repitiese un símbolo, previamente emitido, era menor que la de que cambiase de signo. Por esta estrategia se obtuvieron resultados estadísticamente significativos. Para evitarlo suele recurrirse a las tablas de números aleatorios o a los generadores de números al azar. Ambos sistemas han sido objeto de algunas críticas (este era el objetivo de la polémica anteriormente citada), sobre todo en los casos en que no se toma la totalidad de números de la serie aleatoria sino, tan sólo, una fracción de ella. Donde esta contrahipótesis tiene su mayor valor es en los casos de información automática del resultado; puesto que es así como puede inferirse el orden de presentación de los estímulos. Es difícil imaginar un proceso de este tipo en las pruebas con Stephanev, a quien sólo se informaba del resultado global de la experiencia; y más aún, si tenemos en cuenta que se procuraba un cierto grado de aleatoriedad barajando los sobres y cortándolos, en algunas ocasiones, en sitios elegidos mediante procedimientos aleatorios también.

Resumiendo, podemos señalar que las investigaciones realizadas con dotados son la mejor prueba con que en la actualidad cuentan los parapsicólogos a favor de la realidad de la telepatía y la clarividencia. Principalmente, el caso de Pavel Stephanev está considerado como el mejor comprobado de la parapsicología experimental, por las razones antes expuestas. Sin embargo, ante la opinión pública no son estas investigaciones las más comentadas. Probablemente ello se deba al carácter árido y poco emotivo de los razonamientos estadísticos. Resulta mucho más efectivo emotivamente la narración de un caso espontáneo o la de una espectacular adivinación por parte de un dotado, que el reducido margen de un 10 por 100 de aciertos por encima del azar, mantenido constantemente por un sujeto en sus experiencias. No obstante, pese a esta aridez, el valor demostrativo de una investigación como la realizada con Pavel Stephanev es muy superior a la mayor parte de las exhibiciones de los dotados profesionales.

3

Percepción extrasensorial en laboratorio

Analizaremos ahora las características básicas del método experimental de parapsicología tal y como se utiliza en nuestros días, sin perjuicio de que señalemos algunas de las investigaciones clásicas realizadas en el laboratorio por los pioneros de la parapsicología. La característica principal que diferencia estas investigaciones de las anteriormente reseñadas es su artificialidad. En efecto, dada la imposibilidad de aislar convenientemente los casos espontáneos, su imprevisibilidad y la dificultad de su repetición, es necesario buscar otro tipo de fenómenos que permitan un estudio concienzudo de laboratorio. Inicialmente se consideró que éste habría de realizarse con dotados; pero un doble tipo de causas abrió otras vías de investigación. De una parte, motivos de tipo práctico: era difícil encontrar personas suficientemente dotadas y, una vez halladas, no era fácil conseguir su colaboración duradera, como exige una investigación en profundidad. Un segundo grupo de motivos lo encontramos en las consideraciones teóricas. Una hipótesis bastante extendida entre los parapsicólogos es la de que los fenómenos paranormales no son patrimonio exclusivo de unas pocas personas sino que, por el contrario, todos poseemos la capacidad en mayor o menor grado. Demostrar esta hipótesis exige trabajar con el mayor número posible de sujetos no seleccionados.

Las primeras investigaciones a este tenor son coetáneas a la fundación de la SPR. En el primer ejemplar de su revista aparece un informe de la comisión de transmisión de pensamiento, en el que se reseñan investigaciones realizadas con diversos sujetos. En general, casi todos los trabajos de finales de siglo pasado adolecen de grandes defectos en el diseño experimental, al que no son ajenas las investigaciones del citado comité. Poco después, comienzan a proliferar los informes de nuevas experiencias ya en telepatía, ya en clarividencia o precognición. Los objetivos de las pruebas son primordialmente dibujos, en ocasiones números, nombres o cartas de la baraja francesa. Estas primeras investigaciones suelen producir un número elevado de éxitos que, en buena parte, cabe imputar a los citados defectos de diseño. Sin embargo, aunque su valor probatorio sea reducido, han servido para indicar algunas líneas de investigación que, posteriormente, han demostrado ser fructíferas. En nuestros días, hay una gran tendencia a revisar estas experiencias, fundamentalmente para estudiar las condiciones de los sujetos y las características de los errores cometidos, revisión que promete ofrecer bastante luz sobre el proceso de percepción.

Rhine y las experiencias con cartas

La moderna parapsicología debe las bases de su método experimental a J. B. Rhine, quien, en la década de los treinta, forjó unos nuevos conceptos y una nueva metodología. En realidad, encontramos antes de Rhine a numerosos investigadores que aplican técnicas semejantes, pero a él corresponde indiscutiblemente el mérito de haber sistematizado las experiencias y haber conseguido atraer la atención de numerosos centros científicos.

Antes de exponer detalladamente el método utilizado y los resultados obtenidos, quisiéramos hacer unas consideraciones sobre los presupuestos que subyacen bajo esta línea de investigación. En primer lugar, la metodología de Rhine se produce como un intento de formalizar la parapsicología para conseguir su aceptación científica. Como el propio Rhine señala, la parapsicología se encontraba indisolublemente ligada al médium espiritista. Sus sesiones se hacían en ambientes propicios al misterio y el fraude. El laboratorio corrientemente no era otro que la misma casa del médium. Las condiciones en que habían de realizarse las experiencias estaban fijadas por los propios sujetos. Con frecuencia se trabajaba en la oscuridad... Estos elementos no sólo favorecían la producción espúrea del fenómeno, sino que desacreditaban a los parapsicólogos. En los ambientes científicos se relacionaba al parapsicólogo con los brujos, y poco faltaba para considerarlos cercanos a los extraños personajes de los cuentos de Lovecraf que estaban en boga por aquella época. Para deshacer esta imagen era necesario que los fenómenos se trasladasen al laboratorio y que el medio tuviera la asepsia que caracterizaba a la investigación científica.

Aceptada la hipótesis de que todas las personas tenían en algún grado facultades paranormales, ello presuponía dos tipos de consecuencias. De una parte se podía prescindir de los dotados en los trabajos experimentales y, de otra, era necesario la mayor precisión en la valoración, pues la lógica indicaba que, de tener todo el mundo facultades, éstas serían de poca entidad. Con lo cual no podían utilizarse los métodos de valoración hasta entonces clásicos en parapsicología.

Consecuencia de ambos aspectos fue la incorporación en pleno derecho de la estadística a la investigación paranormal. En la década de los treinta la estadística había conseguido un desarrollo y una aceptación que no poseía a finales del siglo pasado. Al mismo tiempo, el método estadístico era el único capaz de determinar la significación de un fenómeno no repetible y tan cercano a las características del azar. Como consecuencia, se diseñaron los experimentos atendiendo, no tanto a las presuntas características del fenómeno PES, como a las exigencias de la valoración estadística.

En el expediente clásico de Rhine el estímulo, tanto de clarividencia como de telepatía o precognición, está constituido por la baraja Zener. El mazo típico de cartas Zener se compone de 25 cartas en las que están impresos cinco símbolos distintos, de tal forma que cada uno se repite cinco veces. Los símbolos se eligieron por su sencillez y claridad, procurando evitar la posibilidad de confusiones entre ellos. Son: la cruz, el círculo, el cuadrado, la estrella y tres líneas paralelas onduladas. El mazo Zener presenta sobre las cartas ordinarias varias ventajas: no es necesario que el sujeto sepa contar para participar en la experiencia; no existen diferencias entre palos y números y su valoración estadística es muy sencilla. Efectivamente, en principio la probabilidad de adivinar un símbolo será de 1/5, dado que al haber, en un mazo de 25, 5 cartas con el símbolo buscado, de cada cinco elecciones lo lógico es acertar una por azar. Esta probabilidad se modifica en el segundo intento si no hay reposición, dado que entonces ya no habrá 25 cartas, sino 24 y no todos los símbolos estarán repetidos 5 veces, sino que habrá uno que sólo lo esté cuatro; pero ello no plantea grandes problemas estadísticos.

Técnicas principales

Sobre la base de las cartas Zener se establecieron varias técnicas distintas de realización de la prueba según el fenómeno estudiado o las características concretas del sujeto. En las experiencias de Rhine y las realizadas posteriormente se fue perfeccionando la metodología utilizada para conseguir evitar las contrahipótesis reseñadas anteriormente. A continuación nos referiremos a las técnicas más utilizadas para cada tipo de fenómeno.

En clarividencia las dos técnicas principales son: carta a carta (Basic Technique —BT—) o con el mazo completo (Down Through —DT—). En la primera se van presentando una a una las cartas al sujeto para que las vaya adivinando. Normalmente la presentación se realiza detrás de una pantalla, con la carta vuelta hacia abajo, para que ni el experimentador ni el sujeto puedan conocer la carta presentada y, sobre todo, para que el último no pueda ni siquiera ver el reverso de la carta. En estas condiciones, el sujeto nombra el símbolo que cree que sostiene la carta elegida y el experimentador hace montones separados para cada símbolo elegido, realizándose la comparación y valoración global de los aciertos al final de una serie, normalmente de 25 intentos. En la segunda técnica anunciada —DT— el experimentador no toma las cartas una una, sino que las deja en un montón, dentro de su cubierta. El sujeto nombra, una detrás de otra, el orden en el que él cree que están situadas las cartas de arriba a abajo. En ambos casos los problemas iniciales fueron: la determinación del orden de salida de las cartas por azar y la exclusión de la hiperestesia. El primero de los problemas se intentó resolver mediante barajado mecánico de las cartas con posterior corte del mazo al azar. El segundo de ellos se evitó separando al sujeto y al experimentador.

Las pruebas de telepatía pura son más difíciles de conseguir, puesto que, si existe soporte físico, si se opera con las cartas Zener u otras semejantes, no cabe determinar si el acierto se produjo por telepatía o por clarividencia. Este problema se consideró importante en un principio, si bien actualmente no se suele tener en cuenta por los investigadores, más interesados en conocer la percepción extrasensorial general (clarividencia, telepatía y, eventualmente, precognición) que en separar una de otra. En general, las pruebas de telepatía pura se realizaban eligiendo mentalmente los símbolos objetivos, conforme se le iban ocurriendo al investigador (lo cual plantea importantes problemas ya reseñados en el capítulo anterior).

Las pruebas de percepción extrasensorial general (PESG), suponen que el experimentador está concentrado en el símbolo contenido en una carta. La técnica es, en principio, semejante a la utilizada en la técnica «carta a carta» de clarividencia.

Tras la publicación de las primeras experiencias de PES por el laboratorio de Rhine en 1934, se multiplicaron las pruebas realizadas con esta metodología, lo que dio lugar a numerosas innovaciones técnicas. Así, junto a las cartas Zener, se utilizaron cartas con símbolos de todo tipo: cartas eróticas, símbolos emotivos, dibujos... Pero la base de la técnica es siempre la misma: el sujeto

Douglas Hume ha sido, sin duda, el más famoso dotado parapsíquico de todos los tiempos. Todos los poderes ocultos de la mente se manifestaban en él con una evidencia indiscutible.

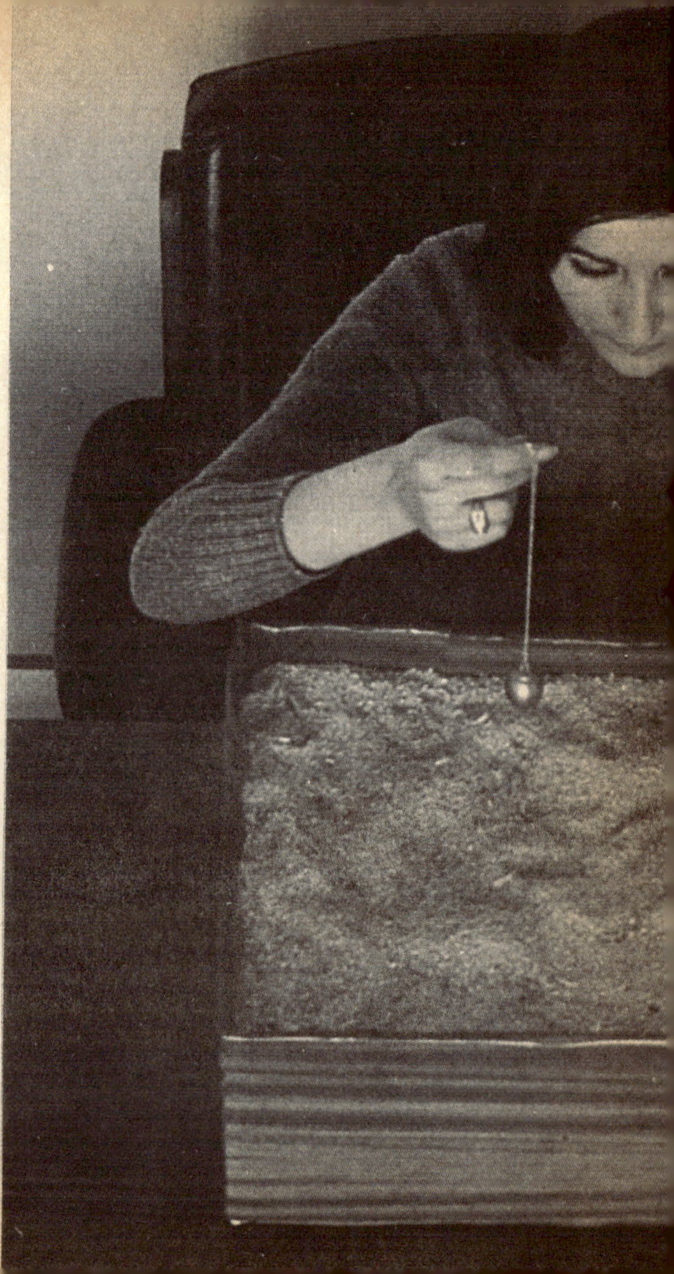

Las oscilaciones del péndulo lograrán indicar el lugar exacto bajo el que se esconde, dentro del cajón de serrín, el objeto que buscamos. ¿Cuál es el mecanismo inconsciente que transmite el movimiento?

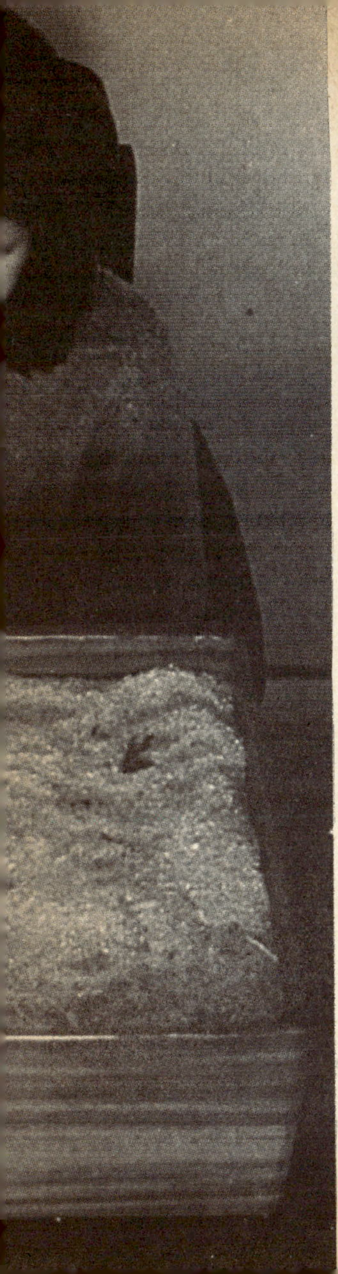

Algunas especies animales, sometidas a control científico en laboratorio, han dado muestras de una aguda capacidad de precognición.

Algunos dotados son capaces de conocer los más insignificantes detalles de la vida de una persona, viva o ya fallecida, sosteniendo entre sus manos un objeto que le perteneciera.

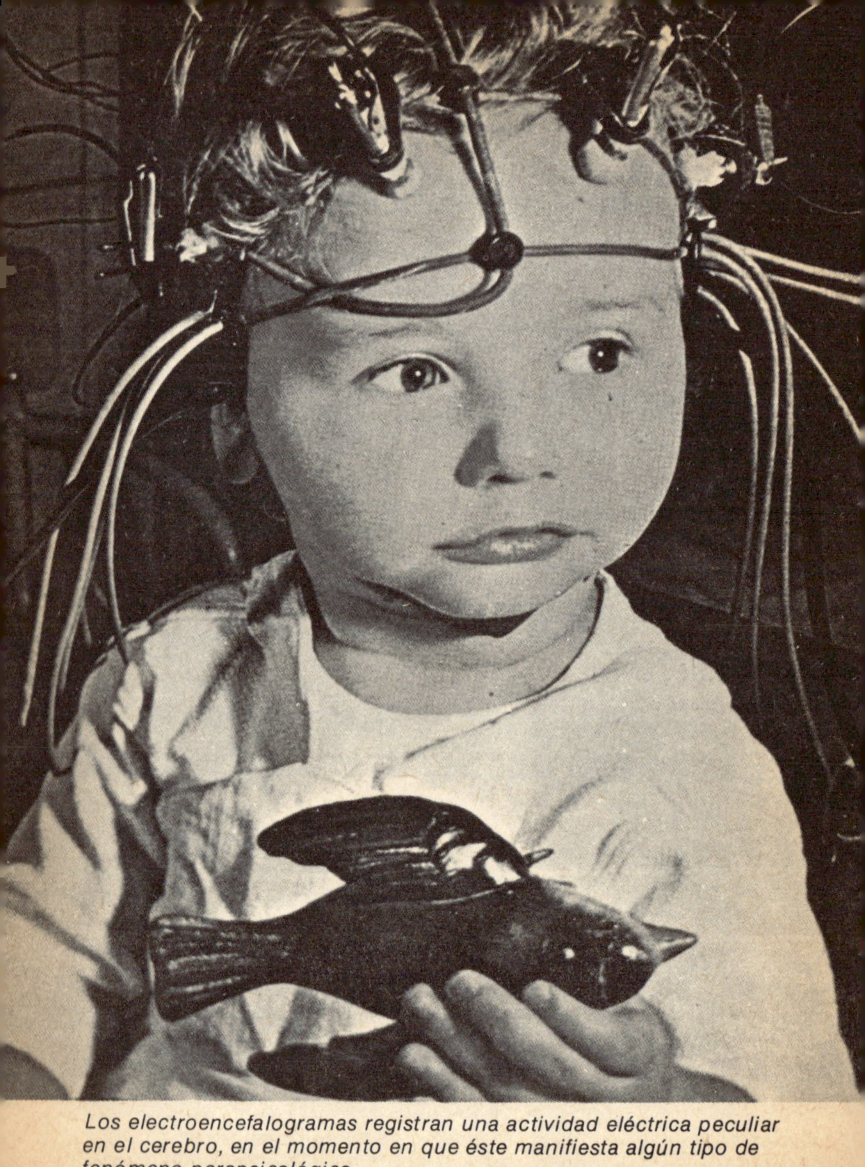

Los electroencefalogramas registran una actividad eléctrica peculiar en el cerebro, en el momento en que éste manifiesta algún tipo de fenómeno parapsicológico.

El mazo de cartas Zener es el instrumento que más se utiliza para la verificación de los poderes de clarividencia. El presunto dotado deberá proporcionar una cantidad de aciertos por encima de los esperados por azar.

La radiestesia es un fenómeno comprobado y aceptado por la humanidad a través de muchos siglos de historia. Unas simples varillas de avellano, oscilando, indican el lugar donde es posible encontrar agua. En la ilustración, un radiestesista del siglo XVII, según un grabado de la época.

debe elegir uno entre varios símbolos previamente determinados, cuyo número es muy variable, aunque los más utilizados sean cinco y diez. La innovación técnica más importante es la introducción de máquinas en el proceso, con intención de automatizar la selección, o el control de ambos. Los primeros diseños eran muy sencillos. Así, la máquina diseñada por Tyrrel consiste en un conjunto de cinco lámparas metidas en cajas herméticamente cerradas. Un mecanismo interno selecciona cuál de ellas se va a encender. Una vez realizada la selección, una pequeña luz testigo avisa al sujeto, que procede a levantar la tapa de la caja en que cree se encuentra la luz encendida. Un pequeño interruptor de contacto contabiliza la tapa levantada, y los registros internos de la máquina contabilizan el número de intentos, de aciertos y de fallos. Posteriormente se han realizado diseños electrónicos de diversa complejidad. El sistema más típico consta de cuatro componentes. Uno de ellos es un generador de números aleatorios que selecciona directamente los objetos que serán el estímulo en la prueba. Otras dos unidades son la receptora y la emisora, respectivamente, frente a las que se sitúan los sujetos. Consisten en un papel luminoso en el que se encuentran los símbolos tipo y una serie de interruptores para seleccionar uno u otro (eventualmente pueden incorporar un sistema automático, que informa del éxito o el fallo del intento). El último elemento es el de control, en el que se contabilizan los intentos realizados, número de aciertos y tiempo empleado en las respuestas.

Al comenzar la prueba de telepatía, el generador señala un elemento, en el panel del emisor se enciende el símbolo elegido y en el del receptor una luz indica que ha comenzado la emisión. Cuando considera que ya conoce el símbolo, presiona la tecla correspondiente, indicándole la máquina si hubo error o si, por el contrario, la elección fue acertada. La contabilización automática evita los errores de anotación y el aparato asegura las condiciones necesarias de aleatoriedad y aislamiento de los sujetos.

Sobre las bases de técnicas más o menos sofisticadas (algunas incluyen circuitos cerrados de televisión o sistemas de grabación en videotape) se han realizado varios millones de experiencias con resultados que, en general, señalan la existencia de PES con niveles de significación muy altos. Ante la imposibilidad de reseñarlas todas, señalaremos a continuación alguna de ellas.

La serie experimental Pearce-Pratt

Una de las primera series experimentales publicadas, que fue la que obligó a numerosos científicos a fijar su atención en estas pruebas, fue la serie Pearce-Pratt, dirigida por Rhine y llevada a cabo en su laboratorio de la Universidad de Duke. Estas pruebas se realizaron entre 1933 y 1934. El experimentador fue Pratt, que se instaló en un edificio, actualmente ocupado por la Facultad de Ciencias Sociales de la Universidad de Duke; Pearce se situó en el gabinete de lectura de la Universidad, a unos cien metros de distancia. Las pruebas realizadas fueron de clarividencia por el sistema de carta a carta.

Una vez sincronizados los relojes y situados cada uno de ellos en su puesto, Pratt tomaba (con intervalos de un minuto) una a una las cartas de una serie de mazos Zener, previamente preparados, colocándolas boca abajo sobre un libro. Acabado un juego de 25 cartas, había un descanso de cinco minutos en el que Pearce firmaba uno de los ejemplares del registro de sus elecciones, que realizaba por duplicado con papel carbón, colocándolo en un sobre cerrado dirigido a Rhine. Por su parte, Pratt anotaba de igual forma el orden de presentación de los estímulos, introduciendo el duplicado, firmado, en otro sobre con igual destinatario. Los dos sobres eran entregados, sin abrir, a Rhine, mientras que los otros dos registros los utilizaban Pearce y Pratt para contabilizar errores y aciertos después de las sesiones. De esta forma se hicieron dos juegos por día, 50 pruebas. La primera serie se realizó en 6 días, totalizando 119 aciertos en 300 ensayos, frente a los 60 que podría haber obtenido por azar. La probabilidad de obtener este resultado es menor que 10^{-15}, es decir, que en mil millones de pruebas cabe esperar una serie semejante por azar. La segunda serie se realizó a 180 metros de distancia mediante 44 juegos (1.100 intentos), obteniendo 75 aciertos por encima del azar (probabilidad menor de 10^{-6}).

Se llevaron a cabo otras dos pruebas posteriores, a igual distancia que la primera, con un total de 18 juegos (450 pruebas), que arrojaron una desviación de 54 por encima del azar, nuevamente significativa. En total se realizaron 1.850 ensayos con 558 aciertos en vez de 370. La probabilidad de obtener este resultado es inferior a 10^{-22}, esto es, ¡un uno seguido de 22 ceros! El momento de mayor emoción de la investigación se produjo un día en que Pearce tenía prisa por marcharse y Rhine le ofreció 100 dólares por cada símbolo acertado, consiguiendo por primera y última vez acertar los 25 símbolos de la serie sin un solo error.

Resumiendo, en las investigaciones realizadas por el laboratorio de Rhine entre 1934 y 1940 se llevaron a cabo más de 4.500.000 pruebas, obteniendo, por término medio, más de un 10 % de aciertos por encima de los esperables por azar. La valoración estadística de estos resultados da lugar a una cifra cuya comprensión excede nuestras posibilidades. Posteriormente se continuaron estas experiencias y actualmente las cifras serían mucho más abultadas.

El efecto declinación

La importancia probatoria de los datos anteriormente apuntados es grande. Desde el punto de vista teórico, tienen un mayor valor algunos aspectos concretos de los resultados, cuya constancia no permite considerar la hipótesis de la mera coincidencia. Uno de los efectos más importantes, en este sentido, es el efecto declinación, que implica que si observamos longitudinalmente los resultados obtenidos por un sujeto a lo largo de una serie de pruebas, veremos que, conforme ésta avanza, el número de aciertos obtenido es menor, para volver a ascender levemente al final de la misma. Fue probablemente Richet el primero en advertir esta caída en el número de éxitos en las pruebas de clarividencia. Pero la primera observación sistemática del efecto considerado se debe a Estabrooks, que lo estudió en series realizadas con cartas ordinarias de una duración de 20 pruebas individuales. En las primeras investigaciones del laboratorio de Duke se observó que el nivel de éxitos era inferior en la segunda mitad de las pruebas que el que se había obtenido en un principio. Para comprobarlo adecuadamente, se realizó una revisión de las series llevadas a cabo hasta entonces, comprobándose que en todas ellas se observaba la declinación, y que la diferencia entre el número de aciertos de la primera y la segunda parte era significativa, aunque el número total de aciertos no lo fuese. Fraccionando las series en cuatro partes se advirtió que la declinación no era uniforme, sino que adoptaba la forma de una curva en U. Así, en un principio, se observaba que los resultados decrecían en los dos primeros cuartos; se estabilizaban o disminuían levemente en el tercer cuarto y subían débilmente, siempre debajo de los niveles iniciales, en la última parte. Realizando comparaciones y valorando estadísticamente, se observó que la diferencia entre el primer y tercer cuartil era la que ofrecía una mayor significación.

La importancia que tiene para la parapsicología la comprobación generalizada del efecto declinación es muy grande. Efectivamente, un comportamiento constante de este tipo no es explicable en términos de azar, y es necesario acudir a condicionamientos de tipo psicológico para su comprensión. Así, la hipótesis que parece más acertada atribuye al cansancio y al aburrimiento este comportamiento típico. A lo largo de la serie el sujeto va perdiendo motivación, con lo que la concentración en el objetivo de la prueba es menor, tendiendo a decir símbolos por decirlos y no en base a la creencia de su origen extrasensorial. Al finalizar la serie renacía, parcialmente, el interés; lo cual explicaría el alza en los resultados. De cualquier forma, no cabe duda de que un comportamiento de este tipo pone en íntima relación el fenómeno parapsicológico con la psicología.

A favor de la hipótesis motivacional encontramos numerosos resulados experimentales. Se ha conseguido disminuir el efecto declinación dando a los sujetos feed-back automático de sus respuestas. El hecho de conocer inmediatamente si se ha acertado o no, refuerza el interés del sujeto y mantiene su atención. Resultados semejantes se han obtenido disminuyendo el tamaño de las series, o dando motivaciones especiales a los sujetos, así en el caso de Pearce-Pratt, la recompensa ofrecida por Rhine a Pearce pudo ser la causante de que lograse un nivel de aciertos del cien por cien. Sin embargo, la tendencia actual se centra en el objeto mismo de la prueba, intentando hacerlo más variado y con mayor nivel emotivo. Para ello se ha desarrollado la técnica del «test» libre, en la que el sujeto no tiene que realizar la opción de un objeto entre varios previamente determinado, como en las pruebas tipificadas anteriormente reseñadas, sino que tiene que captar un objeto o imagen indeterminada. Este retorno a los métodos de la investigación cualitativa ha sido posible gracias al desarrollo de nuevas técnicas de valoración estadística.

Hemos pasado una rápida mirada sobre las investigaciones clásicas de laboratorio de carácter cuantitativo. En sí mismas tienen un alto valor probatorio. Las largas series realizadas por Rhine, Tyrrell, Thouless, Soal y otros muchos investigadores son el argumento clave que suele argüirse en favor de la existencia del fenómeno. Sin embargo, en mi opinión, para comprender auténticamente el fenómeno es necesario contemplar conjuntamente todos los argumentos. La visión exclusiva de las investigaciones cuantitativas puede ofrecer una imagen deformada de lo que es la PES, limitada a un mero malabarismo matemático que otorga significación a efectos residuales. Hemos de advertir que la percepción extrasensorial es algo más que adivinar una carta con más frecuencia que la esperable por azar. Esto no es más que un método de demostración y no de esclarecimiento de la naturaleza del fenómeno. Su riqueza y complejidad sólo se aprecia en una contemplación global de las pruebas existentes.

4

Manifestaciones materiales

Durante los últimos siglos se han producido debates muy virulentos sobre algunos fenómenos parapsicológicos cuya naturaleza linda con el puro elemento cognoscitivo (adivinar algo oculto, saber lo que piensa otro, conocer el futuro) y el directamente físico (mover objetos, traspasar físicamente distancias...). En ocasiones la polémica se ha convertido en una disputa entre espiritualistas y materialistas (a la hora de determinar si la causa de un fenómeno es explicable en términos físicos o es necesario recurrir a la intervención de entidades desencarnadas, espíritus, demonios, etc...). Pocos fenómenos han causado tan duras polémicas como los automatismos —movimientos significativos de los objetos en contacto directo con una persona—. En realidad, el término automatismo implica ya una respuesta al problema, al suponer que los movimientos son producidos por el mismo sujeto que está en contacto con el objeto. A continuación describiremos la posición actual de la parapsicología sobre los más importantes automatismos: la radiestesia, la oui-ja y mesas giratorias y la escritura automática. Para pasar a estudiar, en último lugar, otro fenómeno de naturaleza controvertida.

La radiestesia: eficacia e interpretaciones

La radiestesia es una técnica sumamente antigua. Según algunos, la primera referencia histórica de rabdomantes que utilizaban la varilla adivinatoria, se encuentra en los textos de Amiano Marcelino, en el año 350 después de Cristo: Pero otras interpretaciones suponen que la referencia que aquí se hace a la varilla, es un caso de adivinación por suertes, semejante a los narrados en la Biblia (Ezequiel XXI, Oseas, IV, 12...), por Cicerón o por Tácito. De lo que no cabe duda es de que en la baja Edad Media este medio de adivinación es ampliamente utilizado.

El radiestesista, en un principio, trataba de encontrar filones de mineral o corrientes de agua no perceptibles a simple vista. Para ello utilizaba una vara de avellano muy recta cuyos movimientos le indicaban la existencia del filón oculto. Posteriormente se utilizaron diversos tipos de varillas y péndulos para conseguir éstos y otros resultados.

La varilla más clásica es de madera con un tramo recto y otro de forma de V. El radiestesista, rabdomante o zahorí, la toma con las manos en posición supina (vueltas hacia arriba con las palmas mirando hacia el cielo), por la parte que tiene forma de V, con una mano en cada lado. Los movimientos del extremo recto indicarán la posición del objeto buscado. Las varillas utilizadas pueden ser muy distintas; siempre ha habido investigadores que las han modificado a su gusto, adaptándolas a sus necesidades. El barón Beausoleil, según relata Moine en «La radiestesia», en 1630, empleaba siete varillas metálicas, según el tipo de mineral que tuviese que buscar. Junto con las varillas de madera y las de metal se han usado otras: el conde Tristán, en 1820, utilizaba una de barbas de ballena. Algunos radiestesistas utilizan varillas metálicas acabadas en solenoides o rodeadas por un hilo de cobre, así como otros mecanismos más complicados.

El péndulo vino a desplazar a la varilla en el siglo XVIII. Consiste en un hilo, de material muy variado, al extremo del cual se encuentra un objeto pesado. Probablemente, el primer objeto utilizado como péndulo fuera un anillo atado al extremo de un hilo. En nuestros días existen gran cantidad de modelos de péndulo. Los materiales utilizados abarcan toda una amplia gama: madera, metal, cristal, incluso plásticos. Las dos modalidades típicas son el péndulo compacto, hecho de un solo material, y el péndulo que tiene una oquedad en su interior para introducir el testigo, al que me referiré posteriormente. Se han ideado péndulos que, dotados de una mina de grafito en su extremo, son capaces de trazar sobre un papel sus giros. Existen, como digo, muchos modelos.

La utilización tanto del péndulo como de la varilla presupone una cuidadosa atención a sus movimientos. En la varilla se reconocen dos movimientos: uno ascendente, interpretado como positivo; y otro descendente, negativo. En el péndulo, el movimiento significativo más típico es el giro, que, eventualmente, puede ser positivo o negativo, según sea su dirección. La localización de objetos se reconoce al pasar sobre ellos o, según otros autores, cuando éstos se encuentran en la línea definida por el péndulo y los ojos del radiestesista, o por el péndulo y el sol. Una serie de técnicas diversas permiten definir la profundidad, distancia, etcétera, del objeto buscado. Para contestar preguntas suelen establecerse convenios «a priori», de tal forma que interpretando un tipo de movimiento como afirmativo y otro como negativo, se plantean las preguntas de tal forma que sólo admitan una de estas contestaciones. La telerradiestesia es un invento relativamente reciente: se trata de realizar las mismas operaciones que los radiestesistas clásicos, pero a distancia. Para ello se opera por el método de preguntas anteriormente descrito o, cuando se trata de localizar algo, se realiza sobre un mapa de la zona inspeccionada, dividiéndolo en zonas y operando como si se estuviese sobre el terreno.

Dos son los problemas básicos que plantean las técnicas radiestésicas. Su validez para los fines alegados por sus defensores y su posible explicación. Respecto del primero de los temas, son bastante numerosos los casos de rabdomantes que en la antigüedad y actualmente han conseguido éxitos sorprendentes. Se han realizado numerosas investigaciones experimentales con resultados homologables a los obtenidos en los trabajos sobre percepción extrasensorial. Ello hace pensar que, aunque sea un campo abonado para los charlatanes, la radiestesia puede ser eficaz. De hecho, los estudios realizados sobre las características de la percepción extrasensorial, a los que nos referiremos posteriormente, avalan la hipótesis de que pueda ser operativo expresar el mensaje, recibido extrasensorialmente, mediante un automatismo sencillo como la radiestesia.

El segundo problema es el que ha levantado inumerables polémicas, aunque hoy está prácticamente resuelto. Las interpretaciones que normalmente daban los radiestesistas hasta el siglo pasado, implicaban el movimiento independiente del péndulo o varilla, sin que el sujeto tuviese nada que ver con él, salvo servir de canal para las «energías» causantes del movimiento. Dejando aparte las interpretaciones más espiritualistas que buscaban la causa del movimiento de los instrumentos en la intervención del demonio, ángeles o espíritus, la mayor parte de las explicaciones ofrecidas son de cuño «fisicista».

Una de las interpretaciones más generalizadas era la de que el movimiento se debía directamente a las radiaciones provenientes de la materia. En estos casos solía aludirse al fluido vital que conforma toda la materia, señalando que cada elemento tiene su propio fluido o, posteriormente, una longitud de onda característica. De esta forma, por simpatía, el testigo o el propio instrumento captaría el fluido poniéndose en movimiento. Así, Maxwell en 1679 explicaba que la fuerza vital, que anima todo lo que existe, estaba compuesta, en parte por fluidos inmateriales y en parte, también, por fluidos materiales. Estos últimos serían los causantes de los movimientos. En otras interpretaciones sería el cuerpo del radiestesista el que captaría estas emanaciones produciendo el movimiento.

En contra de las teorías defensoras del movimiento autónomo de la varilla o el péndulo se elevaron numerosas voces. Ya en el siglo XVIII el jesuita Kircher señaló que los movimientos de la varilla se debían a movimientos musculares involuntarios del operador. En 1812, el célebre químico Chevreul abordó el problema de una forma sistemática y metódica. Las consecuencias de sus trabajos fueron publicadas en su libro «De la varilla adivinatoria, el péndulo explorador y las mesas giratorias». Esta obra ha sido tradicionalmente desacreditada por los radiestesistas, en base más a los aspectos ideológicos que subyacen en sus líneas que al tratamiento experimental. Efectivamente, Chevreul demuestra que el péndulo sólo gira cuando es sostenido por el operador, y que en su brazo se producen pequeñas contracciones musculares. Cuando el péndulo es sostenido por un soporte fijo y convenientemente aislado de movimientos exteriores, aunque el operador esté en contacto con el extremo, no se advierte movimiento alguno. Posteriormente se hicieron muchos esfuerzos para demostrar que, pese a lo afirmado por Chevreul, podía moverse un péndulo fijo. A pesar de la oposición de Rutter, Léger o Reichenbach, la teoría de Chevreul sigue manteniendo su vigencia. Sin embargo, Chevreul exageró las consecuencias de su descubrimiento negando toda realidad operativa al fenómeno de la radiestesia; y ahí es donde se le pueden hacer críticas. Admitiendo que los movimientos son causados por el operador, cabe la posibilidad de que, si éste tiene capacidades extrasensoriales, capte el mensaje traduciéndolo inconscientemente en movimientos involuntarios. En este sentido se manifiestan la mayor parte de los parapsicólogos actuales, así como las escuelas de radiestesia; sin perjuicio de las interpretaciones respecto a la fuente de conocimiento y el mecanismo del mismo difieran de una a otra escuela. Pocos son los especialistas que aún mantienen el movimiento autónomo de los útiles del radiestesista.

La oui-ja: una realidad

La oui-ja en sus diversas presentaciones se ha convertido en un instrumento muy popular. De esta función inicial, contactar con los espíritus, ha pasado a servir a la finalidad social de entretener una velada; aunque esto sin perder del todo su tradicional carácter espiritista. La oui-ja clásica consiste en una mesa o mejor aún, un tablero y una serie de letras y signos alfabéticos en círculo. Al ir girando, el tablero señala una u otra letra, con lo que poco a poco, aunque a veces a grandes velocidades, van formándose palabras y frases con sentido. Modelos más sencillos van desde un pequeño círculo de material plástico que se desplaza sobre una superficie pulida en la que se encuentran las letras o, en su versión más popular, una copa o un vaso invertidos sobre la mesa con las letras alrededor. En cualquiera de estos modelos los participantes, siempre un número mayor de dos, ponen sus manos o un dedo sobre la oui-ja y esperan hasta que comienza la «comunicación».

En contra de las teorías que defendían el movimiento autónomo de la oui-ja, Chevreul utilizó los mismos argumentos que en el caso de la radiestesia. Las tesis de Chevrol fueron defendidas también por Faraday según expone Amadou en su libro «La parapsicología». Para ello ideó unos sencillos dispositivos que permitieron a unos operadores de buena fe comprobar la auténtica naturaleza de los movimientos. En una primera experiencia colocó sobre la mesa unos trozos de cartón unidos entre sí y adheridos a la mesa por un mastic semiduro que aseguraba la adherencia, pero, al mismo tiempo, cedían ante el esfuerzo prolongado. Una vez que la experiencia tuvo el éxito apetecido, a juicio de los operadores, se sacaron los trozos de cartón, y fue fácil advertir que las hojas se habían desplazado las unas sobre las otras en el mismo sentido que la mesa, habiendo avanzado más las superiores que las inferiores. En una segunda experiencia, y contando con la colaboración de los operadores, colocó una aguja muy liviana unida a las pilas de cartones, de tal forma que al producirse un desplazamiento de las hojas pudiese advertirse inmediatamente, con lo que el operador cedería en la tensión. En estas condiciones se advirtieron numerosos movimientos de las agujas, pero, como nada más empezar éste los operadores levantaban el dedo, no se llegó a producir movimiento en la mesa. Esta y otras pruebas semejantes, pretendían demostrar que la teoría del movimiento autónomo de la oui-ja no tiene base real. En la Sociedad Española de Parapsicología, el parapsicólogo José Luis Jordán ha fabricado una oui-ja electrónica que permite comprobar la naturaleza de los movimientos sin interferir en el proceso. Se trata de una copa metálica que, invertida, se desliza sobre una placa. En la parte superior tiene cuatro pequeños dispositivos circulares sobre los que los operadores colocan su dedo. Si éstos se limitan a presionar hacia abajo no se produce efecto alguno; pero caso de que se produzca una presión lateral, que podría desplazar la copa, se enciende una luz que indica cuál de los operadores está realizando dicha presión. Hasta el momento nadie ha conseguido desplazar la copa sin presión.

Sin embargo, el posible descubrimiento de los mecanismos físicos por los que la oui-ja se movería no deja sin valor este ingenio. Cabe que mediante ella puedan producirse auténticas experiencias extrasensoriales, así como también algunas manifestaciones psicológicas valiosas. Para comprobar estos extremos se han realizado varios diseños experimentales que demuestran que se trata de un campo no carente de interés. René Dufour ha publicado algunas experiencias en las que un grupo de operadores se limitaba a captar el tema planteado por una persona y a contestar las preguntas que éste le hacía. Los resultados son muy positivos, si bien resulta difícil determinar si se trata de percepción extrasensorial, hiperestesia o, en algunos casos, pura inferencia consciente o inconsciente. En otra línea de experimentación, el investigador español Héctor de Aragón ha realizado durante bastantes años trabajos encaminados a demostrar la posibilidad de que inconscientemente pudiesen realizarse operaciones que conscientemente parecen imposibles. En estos trabajos intenta conseguir que los sujetos recuerden, por ejemplo, un alto número de objetivos vistos solamente un instante. De esta forma se ha comprobado que mediante la oui-ja pueden recordarse un número mayor de casos que los manifestados por los mismos sujetos verbalmente. Estas investigaciones, parcialmente alejadas de la parapsicología, demuestran la posible utilidad de los automatismos motores.

Psicometría: las radiaciones de la materia

El término psicometría fue acuñado por Buchanan a mediados del siglo pasado. Por psicometría se entendía un abigarrado conjunto de fenómenos de toda índole. Posteriormente, su sentido se redujo a aquellas percepciones extrasensoriales que exigen la presencia de un objeto-testigo para producirse. Se ha indicado en numerosas ocasiones la necesidad de cambiar este vocablo para evitar confusiones con el sentido que tiene en psicología; sin embargo, su utilización sigue teniendo predicamento. La utilización primera y desarrollo de la psicometría correspondió a Denton, discípulo de Buchanan. Denton trabajó durante veinte años teniendo como sujetos a su mujer, su hermana y su hijo. Habitualmente las experiencias se realizaban en estado de vigilia y sólo a veces en estado hipnótico.

En las pruebas de Denton el objeto era sostenido en medio de la frente del psicómetra, que permanecía con sus ojos cerrados. Sobre esta base los sujetos comenzaban una descripción de algunos hechos relacionados con el objeto. En algunos casos se consiguieron éxitos importantes. Amadou cita la experiencia ocurrida el 17 de octubre de 1874: Denton entregó a su hijo un trozo de cemento procedente de la casa de Salustio en Pompeya. En su relato deshilvanado y mal construido, su hijo describió el aspecto de la ciudad de Pompeya, su río, la vestimenta de sus habitantes, sus comidas, sus procesiones religiosas, sus paseos y sus espectáculos; evocó un incendio y la llegada de navíos.

La teoría defendida por los psicómetras es de carácter físico. Postulan que los objetos son una fuente de radiaciones que impregnan la materia que los rodea, dejando en ella su imagen. De esta forma, el dotado lo único que haría es recoger esta imagen que perdura en los objetos. Han defendido la existencia de un archivo en la materia con el que se podría reconstruir toda la historia de la humanidad. De ahí que, para los psicómetras, el objeto no sea simplemente un instrumento útil, sino un requisito «sine qua non».

Después de Denton otros muchos autores han reseñado la importancia del objeto en algunos tipos de clarividencia. Los trabajos más destacados son los de Osty, Tenhaeff y Rylz. Osty trabajó con numerosos sensitivos y llegó a establecer la importancia que, para muchos de ellos, suponía el estar en contacto con un objeto de la persona sobre la que tenían que adivinar cosas. Sin embargo, contra la posición de Denton, opinaba que el objeto en sí mismo no es esencial ni contiene ningún fluido o reminiscencia del pasado, sino que es simplemente un apoyo psicológico a las facultades paranormales del sujeto. Descubrió una serie de normas en relación con el objeto y los psicómetras, entre las que cabe destacar (como así lo expuso Tyrrel en «La personalidad del hombre») las siguientes: 1. Una vez que el sensitivo, después de tocar el objeto, ha logrado la conexión psicológica con su dueño, puede destruirse éste sin que se vea afectada la comunicación e incluso el sensitivo puede informar sobre sucesos que le acaecen después de destruido el objeto. 2. No importa el material de que esté hecho el objeto. 3. No se producen interferencias si se tocan unos con otros los objetos preparados para las distintas experiencias. 4. No queda afectada la comunicación por el mayor o menor tiempo que el objeto haya sido poseído por su dueño. 5. No tiene importancia el tiempo transcurrido desde que el dueño estuvo en contacto con él por última vez. 6. Una vez que el sensitivo penetra en la vida del dueño del objeto, le es accesible la totalidad de ésta y no sólo el lapso de tiempo durante el cual poseyó el objeto. De estos hechos reseñados por Osty puede concluirse que no cabe que la información esté contenida en el objeto, sino que sirve exclusivamente como medio a las facultades del paragnomo.

El parapsicólogo holandés Tenhaeff ha realizado también numerosas experiencias con dotados que trabajaban mejor con un objeto testigo. Al igual que Osty, considera que la hipótesis de impregnación es difícil de defender. Ambos autores han comprobado un extremo que pudiera tener gran importancia para la aplicación práctica de la percepción extrasensorial y que, de hecho, ha producido algunos problemas en las intervenciones de Croiset y otros dotados con la policía holandesa bajo la dirección de Tenhaeff. Comprobaron que cuando un objeto era dado a un paragnomo y éste daba una información sobre él, si posteriormente se entregaba el mismo objeto a otro dotado, la información extraída por el segundo tiende a ser coincidente con la del primero, aunque ésta sea equivocada. Este hecho ha sido estudiado experimentalmente por el parapsicólogo checo citado anteriormente, Mylan Rylz, en sus investigaciones con Pavel Stephanev. M. Rylz comprobó que cuando las cartulinas que se presentaban a P. S. habían sido utilizadas en trabajos anteriores con el mismo sujeto, P. S. tendía a repetir idéntica observación que la realizada anteriormente, con independencia de que fuera exacta. La forma normal de trabajar era presentar repetidamente las distintas cartulinas, con el fin de asegurar la independencia de cada elección. Las tarjetas se volvían aleatoriamente dentro de sus cubiertas. Cuando se encontró este efecto, se realizaron unas experiencias tendentes a estudiarlo con más detalle. Tomaron veinte cartulinas de color verde por una cara y blanca por la otra, colocándolas en veinte sobres opacos; cada cara del sobre se marcó para su posterior identificación. Eran perfectamente opacos los sobres y su aspecto exterior idéntico por ambos lados. Los sobres con las cartulinas en su interior se colocaron al azar dentro de veinte envolturas externas de más cuerpo y, a continuación, se operó como normalmente se trabajaba con P. S. Al acabar la serie, se intercambiaban al azar los sobres sellados en las cubiertas exteriores, volviéndose a presentar. De esta forma se realizaron 5.000 pruebas que arrojaron un total de 2.636 aciertos, siendo significativas de la existencia de la ESP.

Sin embargo, el análisis de los resultados de cada cara fue mucho más interesante. Para algunas caras los resultados estaban a nivel del azar o un poco por encima; pero un número extraordinariamente grande de ellas se encontraban en los niveles extremos ya por arriba, o por debajo del azar. Este resultado indicaba que P. S. tenía tendencia a acumular idénticas indicaciones para la misma cara a identificar. Nuevos estudios confirmaron esta focalización de las respuestas, comprobándose que las repeticiones eran muy frecuentes. Así, M. Rylz señala que el tanto por ciento de respuestas acertadas, después de haber emitido una igualmente acertada, era del 67,6 por 100; después de dos respuestas idénticas sobre una misma cara en series distintas se volvía a acertar en la próxima presentación el 76,3 por 100; después de tres afirmaciones idénticas, 82,4 por 100; después de cuatro, el 85,9 por 100 y después de cinco, el 86,9 por 100.

Los datos acumulados en las investigaciones con P. S. parecen avalar, por tanto, la existencia de un cierto lazo psicológico que liga al dotado con el objeto de la prueba. La explicación del mecanismo es hoy difícil. En principio no parece probable que se trate de una impregnación física, como consideraban los antiguos psicómetras; sino más bien, un cierto grado de dependencia psicológica que condiciona la elección del material a escoger o la respuesta a dar. Esta explicación supondría que, por razones aún desconocidas, entre toda la información que inconscientemente el sujeto capta con ocasión de tener el objeto en las manos, eligiría una, con preferencia a las otras. Las causas de esta elección bien podrían ser puramente psicológicas. De cualquier forma, el efecto anteriormente reseñado es sumamente sugerente y exige una mayor profundización experimental antes de poder esclarecer adecuadamente su naturaleza.

La percepción dermo-óptica

La percepción dermo-óptica, o visión extrarretiniana, fue estudiada en un principio como una facultad cercana a la clarividencia, y aún en nuestros días muchos autores consideran que es una de las formas en que ésta se manifiesta. El fenómeno consiste en la posibilidad por parte de ciertas personas de captar colores o la forma de objetos, incluso letras y palabras, en la obscuridad o con los ojos cerrados sin necesidad de contacto directo con el objeto. La forma de operar es generalmente coincidente: el objeto, generalmente una hoja de papel con los colores y el dibujo o las letras en ella, se coloca debajo de un cristal. Se sitúa al sujeto de forma que no pueda verla y se le permite que pase la mano por encima del cristal. Con esta técnica se han conseguido numerosos éxitos en sujetos especiales e incluso se ha podido desarrollar en sujetos no especialmente dotados.

Frente a la hipótesis de que se trata de un fenómeno parapsicológico hay algunos autores que señalan la posibilidad de que en nuestros tejidos existan terminaciones sensibles a la luz que pudieran ser responsables de estas percepciones. En este sentido son interesantes las investigaciones de Jules Romains, expuestas en su libro «Ver los colores con los dedos» (1976). En general, parece que la mayor parte de los trabajos tienden a considerar estas facultades más cerca de la medicina y la fisiología que de la parapsicología.

Hemos revisado algunos de los fenómenos que se han considerado como independientes y que, en cierto modo, son reconducibles a la percepción extrasensorial o, como en el caso de la percepción dermo-óptica, parece que caen dentro del campo de estudio de otras disciplinas. Al igual que estos podríamos citar algunos otros que, en uno u otro momento, han reivindicado carta de originalidad. Creemos, sin embargo, haber estudiado los más importantes.

5

Más allá del tiempo

La precognición es un fenómeno cuya aceptación encuentra grandes dificultades, y no exclusivamente por la calidad del material probatorio, sino también a consecuencia de una profunda resistencia psicológica. Tal y como se define la precognición en parapsicología, implica el conocimiento de un hecho futuro no susceptible de ser inferido. Evidentemente, la admisión de este fenómeno supone la necesidad de modificar profundamente nuestros esquemas mentales, acostumbrados a trabajar considerando que el tiempo sólo es abarcable en un sentido de desplazamiento.

El hecho de que la persona pueda conocer el futuro más allá de la inferencia racional, presupone la coexistencia temporal de los hechos, fuera de la cadena cotidiana de los acontecimientos, o la posibilidad de avanzar por medios desconocidos en un futuro inexistente. Ambas hipótesis parecen descabelladas. Aunque la moderna física atómica haya subvertido los conceptos de espacio y tiempo y nos hable de partículas que se mueven en tiempo negativo, no es, para el hombre de la calle, más que un conjunto de elucubraciones matemáticas, cuyo sentido existencial no está delimitado fuera de los estrictos términos para los que fue enunciado. Sin embargo, el hecho de que una persona pueda anticiparnos el día en que ocurrirá un suceso tiene una importancia existencial innegable. Ahí, quizá, se encuentre la causa de la enorme reticencia a admitir las pruebas recopiladas en este último siglo. A continuación realizaremos una revisión crítica de alguna de ellas, pero hemos de advertir que, hoy por hoy, no es posible dar una respuesta contundente al problema. Permanece como un inmenso interrogante abierto sobre nuestras cabezas que, probablemente, pueda cerrarse en un futuro no muy lejano.

Los casos espontáneos de precognición plantean, en principio, los mismos problemas de credibilidad que los señalados en el caso de la telepatía y clarividencia, aunque algo más agudizados. Efectivamente, en estos sucesos obligatoriamente hay un lapso de tiempo entre la experiencia del sujeto y la verificación de la información que aquella contenía. En este intervalo la posibilidad de transformación inconsciente de la información y posterior adaptación al hecho acaecido es más fácil. A pesar de ello, hay casos suficientemente bien documentados en los que esta transformación parece imposible. La diferencia fundamental que conlleva la crítica de los casos de precognición, es la previa aceptación de la existencia de la clarividencia y la telepatía. Es en términos de percepción extrasensorial en los que se realizan las críticas a los casos más destacados de precognición. Estas argumentaciones se basan en la posibilidad de que una persona pueda captar inconscientemente una gran cantidad de datos relativos a determinada circunstancia, de tal forma que, operando con ellos, pudiese hacer una predicción con alta probabilidad de ser verdadera.

Todos nosotros estamos cotidianamente previendo el futuro. Desde las decisiones más simples hasta las más complejas implican una predicción sobre lo que va a suceder, que corrientemente se cumple: cuando cogemos un autobús prevemos que nos va a dejar en su punto de destino; cuando tiramos un objeto a otra persona prevemos que lo va a recoger, etc. Evidentemente, a nadie se le ocurrirá considerar estos casos como una precognición: suponen simplemente una inferencia lógica, realizada en base a una información previamente adquirida, que nos permite un alto grado de seguridad sobre sucesos aún no acaecidos. De igual manera que cuando ponemos un cazo de agua en el fuego sabemos que acabará hirviendo, porque lo hemos realizado otras veces o porque conocemos la naturaleza del proceso. Cabría pensar que una persona que conociese clarividentemente la existencia de un tumor cancerígeno aún no declarado (o más difícil aún, de la propensión a su formación) pudiese prever, con alto grado la probabilidad, la fecha del fallecimiento (en último extremo, los conocimientos médicos necesarios existen, ya en libros, ya en la mente de alguien, ya como posibilidad que el inconsciente del sujeto pudiese desarrollar). Este tipo de argumentos se ha de mañejar con cuidado: es cierto que está demostrada la existencia de la telepatía y la clarividencia, pero la posibilidad de captar todos los conocimientos existentes en un determinado momento no pasa de ser una hipótesis arriesgada. Igualmente es cierto que se conoce la existencia de procesos inconscientes, pero el que estos procesos puedan resolver problemas que los más complicados computadores del mundo no podrían esclarecer con éxito, no deja de ser una hipótesis también arriesgada. Sin embargo, estos argumentos se han utilizado en muchas ocasiones y, en cierto modo, parece que deban seguir utilizándose porque, por arriesgadas que sean las hipótesis antedichas, son más probables, en el estado actual de los conocimientos, que la hipótesis precognitiva. No obstante, hay casos que se resisten incluso a estas interpretaciones.

A continuación veremos algunos de los casos espontáneos de precognición y de las investigaciones de laboratorio realizadas, dejando para un último lugar aquellos cuya posible explicación es más compleja.

Premoniciones de desastres

En su libro «Premonitions: A leap into the future Turnstone» (Londres, 1972), su autor, H. B. Greenhouse, cuenta que con ocasión de un desastre ocurrido el 21 de octubre de 1966 en Aberfan, Inglaterra, en el que murieron 144 personas sepultadas por medio millón de toneladas de carbón desplomado por las lluvias, el doctor Barker realizó una encuesta con la colaboración del periódico londinense «Evening Standart», en busca de posibles premoniciones del sujeto. Se recibieron 76 contestaciones de las que descartó 16 por considerar que no reunían las mínimas condiciones de verosimilitud. Las restantes respuestas fueron objeto de una mayor investigación. De ellas treinta y dos fueron confirmadas por otras personas a quienes se las habían contado antes de conocerse el hecho. Otras dos habían sido registradas por escrito antes de la fecha del desastre, una en una carta y la otra en un diario. En general, casi todas ellas eran sumamente vagas y muchas de ellas presentaban un carácter marcadamente simbólico, sólo interpretables «a posteriori». En la mayor parte de los casos se limitaban a un sueño o una sensación en que se indicaba que algo desagradable iba a pasar. Sólo en dos casos la relación era directa: una niña fallecida en el accidente le dijo a su madre que había soñado que iba a la escuela y no la encontraba, en su lugar había una montaña negra (la escuela fue sepultada por la avalancha de carbón). Una visión tenida el día anterior por uno de los participantes en una sesión espiritista en Londres, le reveló una avalancha de carbón bajando por una montaña y cayendo sobre una escuela en el valle. Con independencia de la significación de estas presuntas precogniciones, su importancia estriba en que dieron lugar a un movimiento encabezado por el doctor Baker para conseguir la colaboración de algún periódico y establecer un registro constante de premoniciones, al que todas aquellas personas que tuviesen presentimientos enviasen sus cartas, con vistas a poder prever catástrofes del tipo de la anteriormente narrada.

La Oficina Británica de Premoniciones (British Premonitions Bureau —BPB—) comenzó sus operaciones en enero de 1967 bajo el patrocinio del «Evening Standart» de Londres. Desde 1969 los anuncios y centralización de informaciones se realizaron por el «T. V. Times», otra publicación londinense. En junio de 1968 se estableció en Nueva York el Registro Central de Premoniciones (Central Premonitions Registry —CPR—) con una finalidad semejante. Estos centros han canalizado un conjunto de informaciones en los que la mayor parte se referían a hechos relativos a personalidades famosas —en un comienzo la mayor parte se refirieron a los Kennedy— y, en segundo lugar, a desastres naturales.

La finalidad práctica perseguida por los registros anteriormente citados nunca se ha cumplido: los varios miles de premoniciones enviadas no han servido para poder predecir ninguna de estas catástrofes e intentar evitarlas. El problema básico con que se encuentran los investigadores es el de la vaguedad de las comunicaciones y las contradicciones entre ellas. Una vez acaecida una desgracia pueden identificarse algunas de las premoniciones como presuntamente relacionadas con la catástrofe; pero es difícil conocer la exacta significación de éstas. Los directores de los centros no han publicado ningún informe completo, con una estadística detallada de frecuencias de informaciones, relativas a temas específicos ni han hecho público tampoco el tanto por ciento de informaciones acertadas. Exclusivamente divulgan algunos casos anecdóticos, frente a los que es difícil tomar una posición clara.

Un caso de desastre colectivo singularmente bien documentado es el hundimiento del «Titanic». Ian Stevenson ha realizado un estudio detallado del caso. En primer lugar, señala las grandes coincidencias existentes entre una novela escrita catorce años antes por Morgan Robertson y el hundimiento del barco. La novela trata del hundimiento de un buque, el «Titán», que se produjo en su primer viaje. En ambos casos se trataba del más grande transatlántico hasta entonces construido. Los datos son muy semejantes: la longitud es parecida, 882 pies el «Titanic», 800 el «Titán»; el número de toneladas desplazadas 66.000 en la realidad, 70.000 en la novela; la velocidad máxima es idéntica: 25 nudos; la capacidad de pasajeros semejante: alrededor de 3.000; la causa del desastre la misma; el choque contra un iceberg que no pudo ser detectado a causa de la niebla, y ambos llevaban un número de botes salvavidas insuficientes, el mínimo legalmente permitido. Aparte de este hecho hubo numerosas premoniciones concretas, algunas bien comprobadas. A continuación, transcribiremos una narrada por Tyrrell: «El señor O'Connor escribió el 19 de abril de 1912 a la SPR, señalando que el 23 de marzo había reservado un pasaje para el "Titanic". "Más o menos diez días antes de que zarpara soñe que le veía en medio del mar, dado la vuelta y flotando, y que sus pasajeros y su tripulación nadaban alrededor." Nada dijo a sus amigos para no alarmarlos, pero la noche siguiente el sueño se repitió. Tampoco refirió este segundo sueño, y aguardó, para decidirse, a que llegara de América un telegrama de negocios. El telegrama llegó y en él se le sugería que postergase el viaje. Entonces canceló su pasaje. Esto sucedía más o menos una semana antes de que el "Titanic" partiera. Contó el sueño a su mujer y a varios amigos. Tres de ellos enviaron el testimonio escrito a la SPR, con la expresa mención de que les fue referido antes de que el "Titanic" zarpara. La señora O'Connor testimonió personalmente: El señor O'Connor jamás había tenido un sueño de esta naturaleza.»

En general los casos como el anterior son difíciles de valorar. Es un hecho que en muchos viajes se producen cancelaciones debidas a recelos de personas especialmente sugestionables o aprensivas, más aún cuando se trata del primer viaje del transatlántico más grande del momento. Para poder pronunciarse sobre el significado objetivo de experiencias como la del señor O'Connors, sería necesario realizar un estudio estadístico de todas las personas que, ante viajes de transcendencia, tienen premoniciones de desastre, posteriormente incumplidas. Los pocos datos existentes al respecto hacen pensar que su número debe ser muy elevado. Ello no obsta para que la interrogación permanezca abierta.

Junto con las premoniciones de desastres otro grupo muy abundante es el que se refiere a la muerte de personas queridas. El siguiente caso pertenece a los archivos de la SPR y fue investigado por Mrs. Sidgwick en «On the evidence for premonitions». El comunicante tenía que firmar unos documentos en relación con un negocio en el que tenían una parte importante dos tíos suyos. La noche anterior a la firma, cuando dudaba si concluirlo o no, se le apareció en sueños un hombre vestido muy especialmente que le dijo: «Probablemente le sorprenderá saber que su tío cayó enfermo el martes 13 y está muerto, su hermano no vivirá muchas semanas más». En sueños el sujeto le replicó que el martes no era 13 sino 16, a lo que la aparición le replicó que lo que había dicho era exactamente verdad, volviéndole a recalcar la fecha. Al día siguiente, en casa de un amigo, comprobó que el único mes en que el día 13 caía en martes era octubre (estaban en primavera). Llevado por esta impresión decidió no firmar los documentos, posponiendo el negocio hasta noviembre. Al contar las causas a sus hermanos, éstos le ridiculizaron. El 15 de octubre recibió una carta de uno de sus hermanos en la que le comunicaba que su tío había caído enfermo el martes 13 y había fallecido y que, probablemente, su otro tío no le sobreviviría mucho tiempo. Falleció el 5 de noviembre siguiente. A pesar de que eran bastante mayores no había, según el comunicante, ninguna razón especial para esperar tan rápido desenlace, siendo, por otro lado, la longevidad una característica de familia. La realidad del sueño y los términos en que éste se produjo fueron aseverados por el amigo y los hermanos del comunicante. Un caso como éste es, cuanto menos, sorprendente. Sin embargo, antes de acudir a la explicación precognitiva, cabe pensar que puede ser explicado por la hipótesis cibernética enunciada al principio de este capítulo. En este caso y en la mayor parte de sus similares, cabe pensar que el sujeto pudo conocer la enfermedad de sus tíos antes de que ésta se manifestase, mediante la percepción extrasensorial; aunque la precisión de las fechas no sea tan fácilmente explicable.

Investigaciones de laboratorio

Desde la perspectiva experimental se han realizado gran cantidad de investigaciones encaminadas a demostrar la existencia de la precognición. El diseño experimental clásico proviene, como en la clarividencia y la telepatía, del laboratorio de Duke. En las pruebas de anticipación se opera de forma semejante a la realizada para la clarividencia con el mazo completo —DT—. El sujeto enuncia cuál cree que será el orden de los símbolos de un mazo de cartas que posteriormente se le expondrá. Una vez realizadas las 25 selecciones, se toma el mazo, se barajan y se van exponiendo las cartas, comparándolas con las que el sujeto había señalado. Posteriormente se han realizado muchas experiencias de precognición, ya usando cartas, ya con diseños más complejos. El sistema típico de realización de estas pruebas utilizando máquinas, consiste en un panel semejante al descrito en el capítulo tercero de este libro, pero en el que la elección del símbolo objetivo es realizada por el generador de números aleatorios con posterioridad a que el sujeto pulse la tecla correspondiente al símbolo que él cree que va a salir.

En los años 30 Rhine realizó muchos experimentos

con cartas. Un grupo de 49 sujetos emitió 113.075 pronósticos referentes al orden de las cartas provenientes de mazos de PES, que se barajaban y cortaban a continuación. En relación a los promedios esperables por azar hubo un excedente de 614 respuestas acertadas, lo que representa una tasa de aciertos sobre el azar de apenas el 0,6 por 100. Como el número de pronósticos era muy elevado, este pequeño excedente era significativo. Se pensó que este nivel de aciertos podía deberse, más que a la precognición, a la capacidad de inferir los movimientos de los experimentadores o de influir sobre ellos para que barajasen las cartas en un cierto orden. Para evitar esta posibilidad se realizaron 235.875 pruebas con barajado mecánico, obteniéndose un excedente de 425 resultados positivos por encima de los esperables por azar. Este pequeño excedente de 0,2 por 100 sigue siendo estadísticamente significativo.

Una nueva contrahipótesis, que posteriormente afectará a todas las investigaciones en precognición, es la de la intervención de la psicokinesia (capacidad de influir sobre procesos físicos). No es mi intención revisar aquí las pruebas existentes sobre psicokinesia, puesto que excedería de la finalidad de este trabajo. Baste señalar que, si admitimos la existencia de la psicokinesia, el presunto fenómeno precognitivo podría no ser más que una actuación del sujeto sobre los mecanismos que realizasen la elección de los símbolos, hasta conseguir que éstos coincidan con la elección previamente realizada. En las experiencias previamente citadas se trataría de una presunta influencia sobre la máquina que baraja las cartas.

Para evitar esta posible influencia se recurrió a un ingenioso sistema. Una vez barajadas las cartas, se cortaban al azar, pero, para evitar que este «azar» pudiese estar influenciado de cualquier forma por el sujeto, el lugar por el que se iba a realizar el corte se determinaba en base a las temperaturas extremas publicadas en un diario de Durhan de fecha posterior a la experiencia. Los resultados obtenidos de esta manera no dieron prueba alguna de precognición. Sobre 57.550 pronósticos, el excedente de aciertos fue únicamente de 11, resultado carente de significación. No podemos, sin embargo, rechazar toda posibilidad de precognición a causa de estos experimentos, dado que podría deberse a otros motivos, como por ejemplo, el retraso de hasta dos días que se producía en la exposición de las cartas-objetivo como consecuencia del método escogido para su determinación.

Con posterioridad se han realizado muchas pruebas, con diseños bastante sofisticados, aunque no siempre se han tenido en cuenta las contrahipótesis anteriormente citadas. Los resultados no son definitivos, puesto que junto a muchas investigaciones con resultados positivos, aparecen gran cantidad de resultados negativos. Una de las experiencias más interesantes a este respecto es la realizada por S. G. Soal, que es citada como demostración de la existencia de la precognición. Soal había realizado gran cantidad de experiencias utilizando la metodología de Rhine con resultado negativo. Sin embargo, una posterior revisión de las 128.350 pruebas realizadas produjo un extraordinario resultado. Carrington había comprobado en algunas pruebas con dibujos que los sujetos no captaban el que se estaba emitiendo en el momento sino el que se emitiría al día siguiente. Sobre esta base se comprobó que dos sujetos utilizados por Soal, Basil Schackleton y Gloria Steward, obtenían resultados significativos con la carta siguiente a la que era el objetivo de la prueba. Este efecto, que se denominó «desplazamiento + 1», dio origen a una nueva serie experimental.

Las investigaciones de Soal con Schackleton se realizaron con cartas distintas a las utilizadas por Rhine. Tenían impresos dibujos de cinco animales en diferentes colores: León, Elefante, Cebra, Jirafa y Pelícano. Participaban en las pruebas cuatro personas: el experimentador, el sujeto y dos controladores. El experimentador y un controlador estaban en una habitación, mientras Schackleton y el otro controlador se situaban en otra. La elección de las cartas-objetivo se realizó por dos sistemas según una tabla de números aleatorios o extrayendo bolas numeradas de una bolsa. Los experimentos se llevaron a cabo durante 1941 y 1942. Se utilizaron 13 agentes distintos, pero sólo se encontraron desviaciones con tres emisores. En estas experiencias se trabajaba como si fuese una prueba normal de telepatía y, en ocasiones, como si lo fuera de clarividencia carta a carta. Posteriormente se analizaban las desviaciones obtenidas. Resumiendo, señalaré que en 5.799 pruebas realizadas con los dos mejores agentes, se obtuvieron diferencias en «aciertos más 1» las cuales, valoradas estadísticamente, evidenciaron que la posibilidad de que se produjeran por azar era inferior a $2,4 \times 10^{-63}$, uno de los más altos resultados conseguidos nunca en una prueba de esta magnitud.

De acuerdo con dichos resultados se consideró demostrada la precognición, dado que este nivel de aciertos se producía sobre la carta que sería el objetivo en el próximo intento, que aún no se había realizado. Sin embargo, el valor probatorio de estas series es pequeño. No se tuvieron en cuenta las contrahipótesis anteriormente reseñadas. De una parte, cuando la elección de la carta objetivo se realizaba según las tablas de números aleatorios, ya estaba escrita con anterioridad a la realización de la prueba; de ahí que era posible su captación telepática o clarividente por parte de B. Schackleton. En el caso de la selección realizada extrayendo bolas numeradas, son aplicables las otras dos contrahipótesis: actuación sobre el experimentador para que extrajese una bola coincidente con la elección previamente realizada, o intervención de la psico-kinesia en esa elección.

En otro orden de cosas, algunos años más tarde de la publicación de estas experiencias se levantó una fuerte polémica sobre la posibilidad de que Soal hubiese modificado los registros. Las acusaciones se realizaron en virtud de las declaraciones de Mrs. Albert, que había participado en alguna de las sesiones, y afirmaba que había visto a Soal hacerlo. Mrs. Albert era una mujer bastante excéntrica y muy dispuesta a lanzar acusaciones delirantes (por ejemplo, afirmaba que durante el «test» se le habían suministrado cigarrillos conteniendo drogas); sin embargo, a pesar de que sus acusaciones no fueron tomadas en serio en la mayoría de los casos, se levantó una fuerte polémica que, en cierto modo, perdura hasta nuestros días y que ha dado lugar a cientos de páginas sobre el caso.

El problema fundamental que ha hecho que la polémica se mantenga ha sido la imposibilidad de verificar los registros originales y ciertas anomalías observadas en el proceso experimental. En primer lugar, para comprobar si se había producido o no modificación en los registros originales bastaría con verificarlos, pero Soal alegó haberlos perdido en el tren. En el caso de las pruebas realizadas en base a series de números aleatorios, Soal señaló que los había tomado de las tablas de logaritmos de Chambrers, que proporcionan una lista de números al azar. Sin embargo, se comprobó que las secuencias utilizadas por Soal no correspondían a las de las tablas utilizadas. Por último, se comprobó que Schackleton obtenía muy buenos resultados con algunas de las cartas y malos con otras; ello es, en sí mismo, normal en las experiencias de PES, pero en este caso, las cartas en que obtenía los buenos resultados coincidían con las que Mrs. Albert señaló como modificadas por Soal. Todos estos elementos no prueban por sí mismos la existencia del fraude, pero incitan a la duda, desacreditando este trabajo. Posteriores estudios revisando ésta y otras investigaciones de Soal parecen indicar que no debió existir fraude, aunque sí abundantes negligencias que, en cierto modo, invalidan los resultados obtenidos.

Concluyendo, podemos señalar que la evidencia experimental relativa a la precognición no es lo suficientemente completa para probar definitivamente la existencia del fenómeno como captación directa del futuro. Sin embargo, sugiere la posibilidad de que exista alguna capacidad de este tipo, aunque, probablemente, pueda ser explicada por causas distintas a la del puro conocimiento del futuro, pero no por ello menos interesantes. Los casos espontáneos indican una conclusión semejante, pero la interrogación ha de quedar abierta. Son demasiado numerosos los casos difíciles de explicar como para poder obviarlos. Nuevos trabajos experimentales quizá nos traigan la respuesta que espera la parapsicología.

La retrocognición

Por retrocognición se entiende el acceso al pasado extrayendo informaciones no susceptibles de ser obtenidas de otra forma. La mayor parte de los casos de retrocognición se producen ligados a contextos ideológicos muy característicos. El principal de ellos es el entorno espiritista. En muchas ocasiones los médiums espiritistas producen sus fenómenos mediante el «espíritu control» o «guía». Es esta una entidad desencarnada que proporciona la información al médium o le sirve de anfitrión presentándole a otros espíritus. En las reuniones espiritistas es normal que se haga remisión a sucesos pasados con gran cantidad de detalles e incluso, en ocasiones, con expresiones y lenguaje correspondiente a la época. También suelen producirse este tipo de fenómenos en contextos reencarnacionistas. En los casos aducidos a favor de la reencarnación siempre hay un afloramiento de «recuerdos» de vidas anteriores que, en muchos casos, no cabe pensar tuviese el sujeto. Estas experiencias han sido provocadas artificialmente por hipnotizadores y reencarnacionistas en las pruebas de regresión de edad, realizadas mediante hipnosis. Igualmente se producen fenómenos supuestamente retrocognitivos en la psicometría y otras manifestaciones semejantes.

En general, los casos reseñados no se explican como un «viaje al pasado» sino como *una comunicación desde el pasado,* posible gracias a la intervención de un espíritu desencarnado, la memoria subsistente de anteriores reencarnaciones o la permanencia de los sucesos en los objetos mediante la impregnación. Existen, sin embargo, otros casos en que el acceso del pasado parece directo y se manifiesta mediante alucinaciones realistas vívidas para y por el sujeto. A continuación veremos algunos casos significativos de cada una de estas posibilidades, realizando una crítica global de sus afirmaciones.

Como ya hemos indicado, hay muchos casos en el contorno espiritista que parecen remitir a la retrocognición. Desde la perspectiva de este libro los que más nos interesan son aquellos en los que se dan detalles numerosos sobre un momento del pasado relacionado o no con la vida de una persona. En este sentido uno de los casos más interesantes es el de Patience Worth (estudiado por Prince en «El caso de Patience Worth»), personalidad espírita que se manifestó por primera vez durante el verano de 1913 a través de una médium de escasa cultura, la señorita Curran. La comunicación con Patience se realizaba mediante la oui-ja y produjo más de cuatro millones de palabras, siete libros completos y miles de poemas e historias cortas a lo largo de los veinticinco años que duró la comunicación. Patience Worth explicó que en vida había sido una niña puritana, asesinada en la zona de New England por los indios en el siglo XVII. El estilo de las comunicaciones se basaba en un inglés arcaico, con palabras y formas gramaticales que se habían dejado de usar siglos atrás y que difícilmente podía conocer la señorita Curran. Sin embargo, este idioma no correspondía a ningún dialecto hablado anteriormente en la Tierra. Por ello se pensó que se trataba de una invención del inconsciente de la médium. Tampoco fue posible verificar los datos que Patience dio sobre su vida anterior. A pesar de ello, sobrecoge la gran imaginación desplegada en los relatos y la enorme coherencia de la figura de Patience. Semejante es el caso de Willibald Franke, estudiado por F.

Gurtis, que realizó sesenta y cuatro comunicaciones con personas del pasado mediante un sistema semejante a la oui-ja. En este caso se pudo comprobar que varios de los comunicantes habían existido en las épocas mencionadas y muchos de los datos ofrecidos resultaron ciertos tras su verificación.

Ian Stevenson es probablemente el investigador que más esfuerzos ha dedicado a probar la reencarnación en los últimos años. En sus colecciones de casos encontramos algunos enormemente sugestivos, en cuanto a la retrocognición se refiere. En «Un perfecto caso de reencarnación» (1972), nos narra el caso de un niño nacido en Francia con numerosas señales desde su nacimiento. Cuando comenzó a hablar, indicó que en su vida anterior había sido asesinado y que las balas entraron en su cuerpo por el lugar donde estaban las marcas. Después dio más detalles: el nombre de los asesinos, su propio nombre y los de sus parientes; dónde había vivido y en qué lugar fue asesinado, entre otros muchos detalles. Al mismo tiempo comenzó a mostrar un comportamiento extraño, resistiéndose a hablar en francés y utilizando un lenguaje incomprensible, despreciando la comida y tomando preferentemente arroz... Posteriormente, los investigadores se trasladaron a una villa en Ceylán, donde el niño decía haber nacido, y comprobaron que el lenguaje que hablaba era el de la zona, así como sus costumbres. Descubrieron que allí había sido asesinado, un año antes del nacimiento del niño en Francia, un hombre con el nombre que decía haber tenido. Recuperado el cadáver, pudieron comprobar que las heridas de bala correspondían con las marcas del niño. Al mismo tiempo comprobaron la concordancia de otros aspectos enunciados por éste.

Ya vimos en el capítulo anterior el «modus operandi» de los psicómetras y el carácter de sus comunicaciones, generalmente indemostrables, pero que, en ocasiones, puede comprobarse están directamente relacionados con la época a que pertenece el objeto. El cuarto tipo de experiencias retrocognitivas está formado por aquellos supuestos en los que una escena del pasado se muestra vívidamente en forma de alucinación. Los anales de la SPR archivan algunos casos de este tipo en los que una persona afirma haber tenido una visión relativa a una época pasada. En ocasiones se han podido comprobar detalles interesantes. Por ejemplo, una alucinación tenida por Miss Morbely en la que, además de poder observar escenas del siglo XIII, proporcionó algunos detalles arquitectónicos referentes a la ciudad de Cambridge actualmente desaparecidos; pero que corresponden a estructuras antiguamente existentes.

Todos los casos relatados implican que una persona ofrece una descripción detallada de algo ocurrido en el pasado y, conforme evidencian los sucesos narrados, a veces se ha podido comprobar su adecuación a la realidad. Aunque ninguno de ellos, ni de los muchos existentes en la literatura especializada, pueden considerarse indubitablemente como pruebas de retrocognición. Respecto a los sucesos narrados sobre el pasado cabe que puedan comprobarse o no. En esta última circunstancia no podremos saber si ha habido o no retrocognición. En cuanto a los verificados, la comprobación se produce según datos existentes en el momento de emitir el mensaje (ya sean documentos, escritos, monumentos o testimonios de personas contemporáneas) y que pudieron haber sido captados extrasensorialmente. Con esta línea de argumentación no podemos negar la existencia de la retrocognición; pero tampoco podemos afirmarla. Actualmente, la posibilidad de trascender el tiempo en cualquier sentido no es más que eso: una posibilidad. Al igual que en la precognición, son necesarios nuevos argumentos y experiencias antes de poder dar una respuesta definitiva.

6

Más allá de los sentidos

La característica fundamental de la parapsicología durante sus casi cien años de historia ha sido la lucha por la credibilidad. Por definición es un campo destinado a situarse en los límites de lo conocido; su finalidad es, precisamente, determinar qué tiene de racional lo irracional, remontarse más allá de lo permitido para adentrarse en los abismos insondables de lo mágico. Pero, a diferencia del esoterismo, tiene vocación de ciencia; su mentalidad es profundamente racionalista, aunque su objeto parezca trascender lo racional. De ahí que el primer objetivo del parapsicólogo sea la demostración de la realidad o la falsedad del fenómeno. En la mayoría de los campos no se ha logrado resolver satisfactoriamente este primer problema. Sólo en el campo de la percepción extrasensorial se ha abandonado la timidez del principiante y se comienza a trabajar más allá de la mera demostración de la existencia de un fenómeno. Y ello sólo desde hace unos cuarenta años. Cierto que con anterioridad ya se habían abordado trabajos encaminados a estudiar la naturaleza del fenómeno dando por probada su existencia. Pero no es sino después de la publicación de las experiencias de Rhine, cuando los investigadores han dado por terminada esta primera fase y comienzan, como colectivo, a iniciar otra etapa. Dada la finalidad puramente divulgadora de este libro, nos limitaremos a enunciar las características más importantes que se han puesto de manifiesto en estos años de investigación.

La confianza es importante

Ya en las primeras investigaciones de la metapsíquica se evidenció la importancia de que los participantes en las sesiones creyesen en la posibilidad de que el fenómeno se produciría. La comprobación experimental de esta creencia y su adecuada sistematización ha sido realizada a finales de la década de los cincuenta por Gertrurd Schmeidler y expuesta en su libro «ESP and personallity patterns». En un conjunto de experiencias realizadas con dos profesores de la Universidad de Harvard con resultado negativo, se apreció un nivel de fallos superior al esperable por azar. Este hecho llevó a pensar que quizá la causa de este error sistemático podría encontrarse en la posición negativa adoptada por los sujetos antes de la PES. Para comprobar esta hipótesis, Schmeidler decidió separar a sus sujetos en dos grupos, por un lado los que aceptaban la existencia de la percepción extrasensorial y, por otro, los que la rechazaban. Al primer grupo los denominó «ovejas» y a los segundos «cabras». Partiendo de la hipótesis de que los primeros conseguirían un nivel de aciertos superior al esperable por azar, mientras que los segundos puntuarían sistemáticamente por debajo de la media estadística, se realizaron pruebas con 1.157 sujetos entre los años 1945 y 1951. En este período de tiempo se realizaron 250.875 intentos de PES, de los cuales 149.625 correspondían a las 692 «ovejas» del grupo y los restantes a las «cabras». Los resultados fueron consecuentes con la hipótesis experimental. Las «ovejas» consiguieron 614 aciertos por encima de los esperables por azar, mientras que las «cabras» realizaron 301 errores más de lo esperable estadísticamente. Estas mínimas diferencias valoradas estadísticamente, y dado el amplio tamaño de la muestra, arrojaban una probabilidad de producción aleatoria menor de 0,00003.

Las investigaciones fueron rápidamente repetidas por multitud de experimentadores y constituyen en la actualidad el fenómeno más probado de la PES experimental. Lógicamente, algunos informes señalan resultados negativos.

Las mayores modificaciones que se han introducido en el primer modelo experimental son de dos tipos. Por un lado la revisión de los criterios para separar «cabras-ovejas», con vistas a valorar más exactamente la actitud del sujeto ante el fenómeno y, por otro, los intentos de establecer una relación entre la actitud del sujeto y las características concretas de su personalidad. Uno de los cuestionarios más interesantes propuestos para resolver el primero de los problemas es el de Palmer, en el que se agruparon las preguntas alrededor de cuatro criterios: Criterio 1.º: (Creencia en la posiblidad de obtener resultados PES en la situación experimental.) ¿Usted cree que la PES puede ser demostrada mediante pruebas de adivinación de cartas? (o cualquier otra que se esté realizando). ¿Usted cree que la PES puede producirse en una proporción aceptable bajo las condiciones del experimento en el que usted está participando?

Criterio 2.º: (Creencia en la PES en abstracto.) ¿Cree usted que es posible «leer» los pensamientos de otra persona mediante la PES? ¿Cree que es posible predecir el futuro mediante la PES?

Criterio 3.º: (Creencias en la vivencia de la experiencia PES propias en el pasado.) ¿Ha tenido usted experiencias atribuibles a la PES? ¿Hasta qué punto está en este momento convencido de que fueron genuinas experiencias PES?

Criterio 4.º: (Creencia en la posibilidad de obtener resultados uno mismo en la prueba concreta que se va a realizar.) ¿Cree que va a demostrar (o ha demostrado) poseer capacidad PES en este experimento? ¿Cuál es el resultado específico que espera obtener en la prueba que va a realizar (o que ha realizado)?

Con este tipo de «test», Palmer observó que tan sólo mediante el criterio 1.º se producían los resultados esperados; mientras que separando a los sujetos mediante el criterio 2.º no se alcanzaba una respuesta significativa. Con los criterios 3.º y 4.º los resultados se invertían, siendo las supuestas «cabras» las que obteníanresultados mejores. Barrington utiliza otro cuestionario discriminador basado en las siguientes clasificaciones: Ovejas Blancas (pienso que podré obtener resultados positivos en una prueba PES), Ovejas Negras (estoy casi seguro de que determinados sucesos se deben a la influencia de la PES), Cabras Blancas (no estoy lo suficientemente convencido de la existencia de la PES), Cabras Grises (tengo muchas dudas sobre la existencia de la PES) y Cabras Negras (pienso que la PES no es más que una superstición). Los resultados obtenidos mostraron una relación lineal entre el grado de creencia en la PES y la obtención de resultados, aunque el tamaño muestral fue quizá demasiado reducido.

La propia G. Schmeidler ha realizado varios trabajos interesantes al respecto. Así, en una serie de investigaciones en que se utilizó el test Rorschach, encontró que las «ovejas» equilibradas obtenían resultados más altos que la media de las «ovejas», mientras que las «cabras» equilibradas obtenían resultados más bajos que la media de las «cabras». En un estudio posterior se intentó relacionar la actitud del sujeto con el efecto producido por el cansancio de la prueba, comparando los resultados entre los primeros intentos y los últimos, sin encontrar, en este caso, diferencias apreciables.

Influencia de los elementos caracterológicos

Desde la publicación de las experiencias de G. Schmeidler la mayor parte de los investigadores dirigieron sus esfuerzos al campo de las diferencias individuales, intentando determinar las causas por las que unos sujetos obtenían mejores resultados que otros. En último extremo se buscaba dibujar el perfil idóneo del dotado, con vistas a su utilización práctica y al estudio sistemático de la PES. La metodología empleada es relativamente sencilla: a las personas que realizaban una prueba PES se les presentaba uno o varios test psicológicos. Después se estudiaban estadísticamente las correlaciones existentes entre los factores psicológicos estudiados y los resultados obtenidos en las pruebas de percepción extrasensorial. Con este método se han hecho cientos de experiencias muy difíciles de tipificar. La causa primordial de confusión es la diversidad de test psicológicos utilizados y la imposibilidad de homologar los resultados de unos y otros, por las diversas concepciones existentes en psicología sobre la personalidad y sus factores determinantes.

Uno de los intentos más sistemáticos y homogéneos realizados hasta la fecha, es el realizado según la teoría caracterológica de Eysenck. Este autor postula la existencia de dos dimensiones caracterológicas básicas, cuya combinación daría lugar a los diversos tipos psicológicos: la escala de introversión-extroversión, y la escala de neuroticismo (equilibrados-desequilibrados). Postula que la base de estos caracteres es fundamentalmente estructural y fisiológica y considera que mediante ellos se pueden explicar una buena parte de las diferencias individuales. Desde una perspectiva teórica parecía que la primera de estas dimensiones podría ser significativa en parapsicología. Ello debido a dos tipos de argumentos. De una parte se había comprobado que la mayoría de los dotados y sujetos buenos en experiencias cuantitativas tenían un carácter extrovertido, sociable y con talante artístico. En segundo lugar, las características que empezaban a perfilarse en la percepción extrasensorial apuntaban también a los extrovertidos.

Efectivamente, se había observado que los fenómenos paranormales solían producirse en un estado de activación bajo: durante el sueño, en estados alterados de consciencia (véase el capítulo siguiente) y, en general, en estados de inhibición cortical (véase más adelante en este mismo capítulo). Al mismo tiempo los estudios realizados sobre el efecto declinación anteriormente citados habían puesto de relieve que los resultados disminuían en las pruebas largas paulatinamente, y que se podían incrementar añadiendo variedad a los objetivos, evitando distracciones, etc. Todas estas características parecían indicar que los extrovertidos conseguirían buenos resultados, mientras que los resultados de los introvertidos habrían de ser inferiores. Las pruebas experimentales avalan la hipótesis antedicha, si bien aún no son totalmente concluyentes.

Humphrey realizó una investigación detallada en la que se comprobó que los extrovertidos conseguían resultados superiores a los esperables por azar, mientras que los introvertidos puntuaron por debajo de la media. En el mismo sentido Amstron, Green, Randall y otros muchos. Sin embargo, hay otros autores que, o bien no han conseguido resultado alguno, o éste ha sido contrario a la hipótesis antedicha. Ello puede deberse a los sistemas utilizados para medir la extroversión: hay tests muy distintos, si bien los más utilizados son el MPI y el EPI. Otra causa que puede ser importante es la gran cantidad de variables que inciden en el experimento PES, desde el ambiente hasta la posición del experimentador, y que pueden producir desviaciones importantes. De cualquier forma, aunque la demostración no sea totalmente exacta, las investigaciones realizadas parecen apuntar en el sentido reseñado.

El segundo elemento de la escala Eysenck: neuroticismo, ha sido también objeto de numerosas experiencias. En general, se ha hallado que los individuos altamente desequilibrados tienden a obtener peores resultados que los altamente equilibrados. Cercanos a estos trabajos hay otros muchos que estudian factores concretos en los que se manifestaría el equilibrio o desequilibrio del sujeto. Carpenter y otros han comprobado que los sujetos que demostraban tener pocos mecanismos de defensa puntuaban más alto que los «acorazados». Otros autores señalan que los muy ansiosos consiguen menos resultados que los muy tranquilos, entre una gran cantidad de experiencias semejantes que podríamos citar.

Factores ambientales

En las investigaciones realizadas por los pioneros de la parapsicología se cuidaba especialmente que el medio fuera agradable y, sobre todo, que fuese exactamente como requería el dotado. Sin embargo, en los trabajos de Rhine se menosprecia la importancia del agente, buscando realizar las experiencias en el medio más aséptico posible. En nuestros días vuelve a considerarse esencial el cuidado de las condiciones de realización de los experimentos, tanto en su aspecto formal como en el tratamiento emotivo. Se han llevado a cabo investigaciones en las que se ha demostrado la importancia de que el ambiente sea agradable y cálido. El diseño experimental característico en este sentido es simple de realizar. Lo describiré tal y como fue llevado a efecto en un seminario dictado en la Sociedad Española de Parapsicología por el autor de estas líneas:

Sin advertir a los presentes sobre la finalidad de la experiencia, se dividió por mitades la sala. Parte de los concurrentes se trasladaron al laboratorio donde apenas tenían sillas para sentarse, no había calefacción y, al no estar acabado de montar, había gran cantidad de cosas en desorden. Una vez allí la experiencia fue dirigida por otro miembro de la Sociedad, desconocido para la mayor parte de los participantes, que procuró mantener un ambiente frío y aséptico. A los que permanecieron en la sala de seminarios más caliente y mejor acondicionada, se les procuró crear un ambiente relajado y de camaradería. El experimentador era conocido por todos ellos y

Los fenómenos parapsicológicos han invadido muchas actividades de la vida actual. Literatura, cine, e incluso teatro que se ocupa de esta temática, llegan a las masas cada día con mayor intensidad.

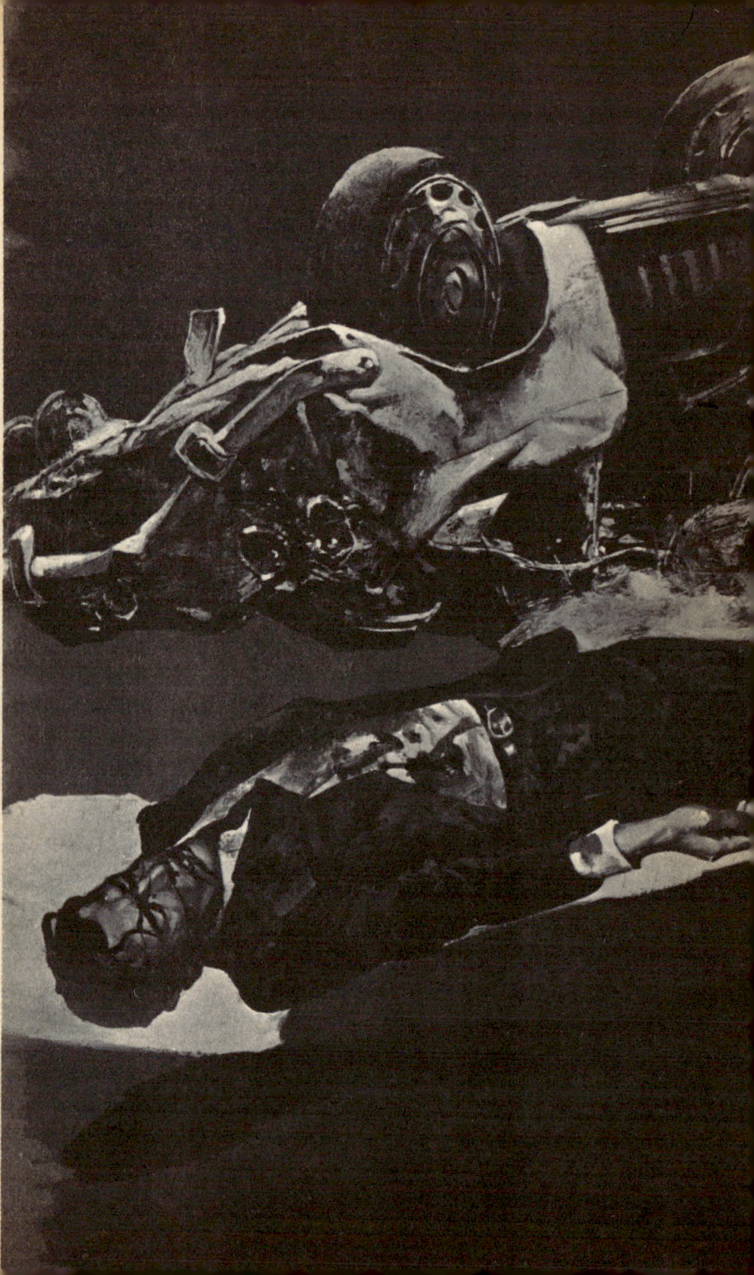

Con mucha frecuencia los sueños se cumplen trágicamente. Algún mecanismo desconocido del cerebro es capaz de captar el suceso a mucha distancia en el mismo momento en que éste se produce.

En el fenómeno de la telepatía, la información que el agente desea transmitir al receptor pasa previamente a niveles inconscientes. El cerebro codifica el mensaje antes de ser emitido a través del canal PSI.

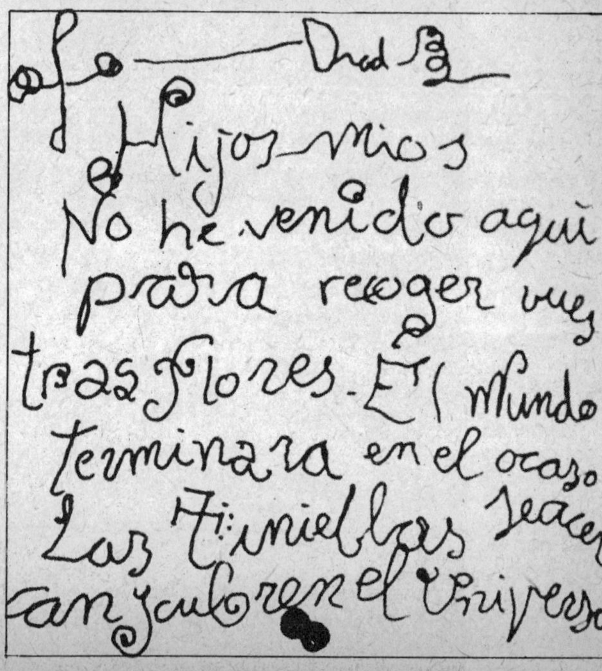

¿Es quizá el inconsciente quien arrastra la mano del dotado para que se produzca esa curiosa forma de espiritismo que es la escritura automática?

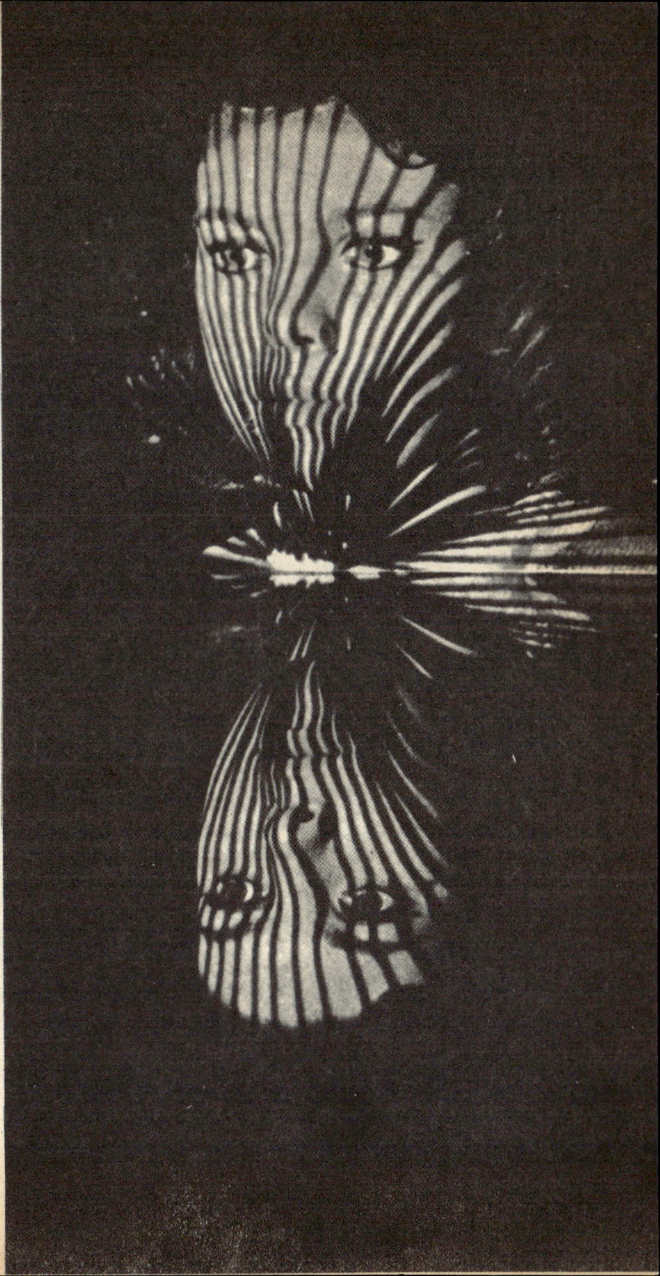

Algunas fuerzas desconocidas del cerebro parecen despertarse ante determinados impulsos de angustia o de temor. Un mundo enigmático espera que la ciencia algún día descubra sus resortes.

Un fenómeno muy común, pero de génesis desconocida, consiste simplemente en hacer volver la vista a una persona, mirándola fijamente a la nuca. Los síntomas de inquietud que provoca ese tipo de mirada son inequívocos.

procuró realizar la experiencia en un tono informal. Una vez realizada la prueba PES, ambos grupos respondieron a un cuestionario en que se les pedía su opinión sobre el ambiente, los experimentadores, cómo se habían encontrado a lo largo de la prueba, etc. Los resultados globales fueron apenas significativos; sin embargo, sí fue significativa la diferencia entre el grupo que señaló haberse encontrado confortablemente y el que manifestó que el ambiente y el investigador no les habían agradado.

La pareja telepática

Un aspecto que ha demostrado tener gran importancia en las pruebas de telepatía es la relación entre el sujeto emisor y el receptor. En las distintas investigaciones se ha comprobado que los dotados consiguen mejores resultados con unos emisores que con otros. El propio Rhine ya lo señalaba en su primer informe de 1934, y luego se ha podido comprobar por numerosos investigadores. Yuri Kamesky, Karl Nikolaiev, Shackleton en las experiencias con Soal, Pearce en distintas pruebas... Sobre esta base se han realizado diversos diseños experimentales encaminados a probar que se obtienen mejores resultados con personas ligadas emocional o caracteriológicamente.

En investigaciones realizadas con gemelos, los resultados no son concluyentes, aunque avalan la hipótesis de que los gemelos univitelinos obtienen mayor número de aciertos que los gemelos bivitelinos o que los simplemente hermanos. En las colecciones de casos espontáneos, la mayor parte de las comunicaciones presuntamente telepáticas se producen entre parientes o personas ligadas afectivamente. En este sentido, Stuart comprobó que se obtenían mejores resultados entre personas ligadas (gemelos, matrimonios, novios) que entre las parejas carentes de vínculo emotivo. Rice y Townsend llegaron a las mismas conclusiones posteriormente.

Son sumamente interesantes las pruebas realizadas por G. Schmeidler basándose en los resultados del test Rorscharch. En ellas se formaron dos grupos de parejas experimentales, uno buscando la máxima afinidad caracterológica según los resultados del citado test, y otro tratando de conseguir una incompatibilidad entre los sujetos. Se realizaron tres series experimentales: en la primera y tercera los componentes de la pareja se conocieron antes de comenzar las pruebas, y en la segunda no tomaron contacto hasta finalizada ésta. Los resultados de las series 1 y 3 mostraron que los aciertos del grupo afín eran superiores a lo esperable por azar, mientras que los de las restantes parejas eran significativamente menores a lo esperable estadísticamente. Valorados conjuntamente los resultados de estas dos series pudo encontrarse una gran diferencia entre los resultados obtenidos en situación de telepatía (cuando el agente miraba la carta) y los obtenidos en situación de clarividencia (en la que el agente se limitaba a sacar la carta objetivo, sin conocerla previamente), observándose que los efectos de la «incompatibilidad» se producían sobre todo en la situación telepática. En la segunda serie, en la que los miembros de las parejas no se conocieron hasta el final de las pruebas, los resultados obtenidos no fueron significativos.

La influencia del experimentador y terceras personas

En el seno de la psicología experimental se observó que las actitudes del experimentador podían influir en los resultados de las pruebas realizadas, hasta el punto de ser factible que en iguales circunstancias y con idénticos sujetos dos investigadores consiguiesen opuestos resultados. La posibilidad de que un efecto similar tenga lugar en las investigaciones parapsicológicas ha sido resaltada por diversos autores. En unas experiencias llevadas a cabo por Pratt con Peggy Price, se pudo observar que cuando Pratt actuaba únicamente como testigo no afectaba al nivel de aciertos del sujeto, mientras que si intervenía activamente presentando o preparando las pruebas, los resultados bajaban al nivel del azar. Quizá podamos encontrar en este efecto la explicación a un fenómeno numerosas veces resaltado por los parapsicólogos. Se ha comprobado que hay investigadores que tienden a conseguir éxito en sus trabajos, pareciendo que tuviesen la suerte de encontrar dotados en todas sus experiencias (estando su integridad fuera de toda duda); otros, por el contrario, obtienen sistemáticamente resultados negativos. Si se demostrara que la causa de estas diferencias se encuentra en el experimentador y no en el fenómeno, sus consecuencias serían de gran trascendencia para la parapsicología, pues permitiría revisar una gran cantidad de informes que, de otra forma, parecen discordar con la generalidad de los trabajos.

Con anterioridad, al hablar del ambiente, se aludió a una experiencia encaminada a poner de manifiesto este efecto, si bien se encontraba mezclada con otros elementos, dado su carácter puramente didáctico. Honorton, Ramsy y Cabbibo llevaron a cabo en 1972 una experiencia destinada a estudiar los efectos que las diferencias de experimentador podían tener en los resultados PES. Participaron 36 sujetos, cada uno de los cuales completó 50 juegos de PES con cartas (1.250 pruebas). Fueron distribuidos aleatoriamente en dos grupos a los que se les asignó investigadores distintos, uno de los cuales se esforzó en conseguir una interacción positiva con sus sujetos, mientras que el otro se limitó a realizar la experiencia. Los dieciocho sujetos del primer grupo obtuvieron 67 aciertos por encima de la media, mientras que los del otro grupo obtuvieron 79 fallos más de los esperables por azar. La diferencia es muy significativa.

A. Parker llevó a cabo una experiencia metodológicamente más compleja en la que no se intentó manipular la relación entre los sujetos y los experimentadores, sino la posición de los propios experimentadores frente a la parapsicología. Un grupo integrado por 18 estudiantes fue dividido en tres subgrupos: seis experimentadores, seis emisores y seis receptores. Los experimentadores, a su vez, se dividieron en dos equipos de tres, A y B. Los que tenían una mayor tendencia a creer en la PES integraron el grupo A, y los que tendían a no creer en ella, el B. Ambos grupos fueron instruidos por separado sobre las investigaciones realizadas en PES, así como la manera de administrar la prueba.

A los miembros del grupo A se les dijo que la PES había sido suficientemente probada usando métodos semejantes a los que ellos iban a utilizar; mientras que a los integrantes del B se les dijo que la parapsicología estaba trabajando con el método de prueba y error, y que todavía no se había logrado probar convenientemente la existencia de la PES. Por otra parte, a los del grupo A se les indicó que, si todo marchaba como era de esperar, obtendrían entre siete y diez aciertos por juego. A los del grupo B se les dijo que si controlaban estricta y adecuadamente el experimento deberían obtener lo esperado por azar, cinco aciertos por juego. Cada pareja emisor-receptor realizó dos juegos completos con un experimentador del grupo A y otros dos con uno del grupo B. El número total de aciertos no fue significativo (118 en vez de 120 esperados) pero la diferencia fue sugestiva, dado que los del grupo A obtuvieron 67 aciertos y los del B 51, en vez de los 60 esperados (P 0,05).

No sólo pueden existir interferencias por parte del experimentador, sino que como parecen apuntar una serie de interesantes investigaciones, otras personas distintas a éste y a los propios sujetos pueden inhibir, facilitar o modificar los resultados obtenidos. Nuevamente encontramos las primeras indicaciones en los comienzos de la investigación psíquica, cuando en las sesiones mediúmnicas se comprobaba que la presencia de terceras personas escépticas, o poco agradables para el dotado, podían inhibir el resultado. Mientras tanto, determinadas personas no sólo no inhibían, sino que mediante un extraño mecanismo, al que denominaban contagio psíquico, unían sus fuerzas a las del dotado, favoreciendo la obtención de los fenómenos.

Ya en el campo de las investigaciones cuantitativas encontramos gran cantidad de trabajos al respecto. Un curioso efecto es el relatado por West y Fisk respecto a la influencia «del preparador de la experiencia» sobre los resultados obtenidos, aunque su identidad sea desconocida por los sujetos. En ella se realizaron pruebas de clarividencia pura utilizando las llamadas cartas del reloj. La mitad de los sobres fueron preparados por Fisk y la otra por West sin que los sujetos conocieran la intervención de West en la experiencia. Los resultados obtenidos en los sobres preparados por Fisk (único experimentador conocido por los sujetos) fueron altamente significativos mientras que los obtenidos en los sobres preparados por West no lo fueron. La segunda experiencia se intentó combinar con una prueba de PK con dados, siendo la cara objetivo desconocida para el sujeto que debía identificarla clarividentemente. El sujeto, igual que en el experimento anterior, sólo conocía la participación de Fisk. En la primera parte de la experiencia, el sujeto obtuvo desviaciones positivas con los sobres de ambos investigadores, mientras que en la segunda parte mantuvo los resultados positivos con Fist, pero los correspondientes a los sobres preparados por West fueron los esperables por azar. La diferencia total entre ambos experimentadores arrojaba una probabilidad de 0,05.

Buscando un indicador fisiológico de la PES

Uno de los campos que hoy aparecen como más sugestivos dentro de las investigaciones parapsicológicas es el de las correlaciones existentes entre los fenómenos estudiados y la fisiología del sujeto que los produce. No cabe duda de que, si pudiera esclarecerse el proceso fisiológico causante de la percepción extrasensorial, se produciría un gigantesco avance, hasta el punto de que, probablemente, su estudio dejaría de ser objeto de la parapsicología, para serlo de otras disciplinas. El estado actual de las investigaciones al respecto no permite más que una ligera esperanza que, seguramente, tardará mucho tiempo antes de convertirse en realidad. Sin embargo, estos escarceos son muy prometedores. Los trabajos más importantes han intentado establecer relaciones entre las manifestaciones de los fenómenos estudiados y las modificaciones del sistema vegetativo. Son pocas las investigaciones que intentan relacionar estos fenómenos con el sistema nervioso central y se limitan al estudio de las ondas cerebrales puestas de manifiesto por el electro-encéfalograma (EEG).

La metodología experimental es bastante simple. Mediante los aparatos necesarios se consigue un registro continuo de las modificaciones que se producen en una o varias constantes fisiológicas mediante el transcurso de una prueba típica. Posteriormente se determina la relación entre la gráfica fisiológica y los resultados obtenidos. Eventualmente se realizan estudios en profundidad con grandes dotados, pero éstos son los menos abundantes dada la dificultad para conseguir su cooperación. Los aparatos utilizados en estas pruebas parten todos ellos de unos mismos principios, aunque su sofistificación es, en algunos casos, muy grande. La mayoría consta de un equipo que se ajusta al cuerpo del sujeto —transductor— y cuyo objeto es transformar las manifestaciones fisiológicas (diferencia de presión por vasodilatación, diferencia de conductibilidad, etc.) en diferencias de potencial que permiten un tratamiento electrónico y que son amplificadas por el segundo elemento del equipo y registradas después por un polígrafo, dando lugar a la gráfica, cinta magnética, etc., en que aparecen las variaciones fisiológicas. Los equipos utilizados son muy distintos, tanto en sensibilidad como en sus posibilidades de elaboración posterior de la información, pero, en general, responden al diseño anteriormente expuesto.

Los estudios tendentes a establecer correlaciones entre fluctuaciones en la actividad vegetativa y la PES, se basan en el hecho de que pequeñas modificaciones en el medio o en el sujeto tienen inmediata manifestación en dicho sistema, ya como alteración del pulso, de la presión arterial, del nivel de adrenalina o acetilcolina en sangre de la conductibilidad cutánea o del nivel de sudoración, por ejemplo.

En algunos casos se estudió la modificación conjunta de la pareja emisor-receptor a lo largo de una prueba de telepatía. En este sentido los trabajos de Dean utilizando el pletismógrafo (capta pequeñas diferencias en la presión sanguínea) pusieron de relieve una pauta de covariación entre los sujetos a lo largo de la experiencia. Pero no todas las investigaciones muestran iguales resultados.

En general las investigaciones realizadas no han demostrado el mecanismo fisiológico de la producción del fenómeno, aunque han señalado algunas constantes que pueden tener importancia a la hora de aplicar prácticamente la PES. Así, se ha comprobado que existe una alta correlación entre los resultados PES y el nivel de conductibilidad de la piel, señalándose que los sujetos con buenos resultados suelen tener un nivel más bajo de conductibilidad. Ello estaría lógicamente relacionado con el nivel de relajación de los sujetos. En este sentido Braud consiguió muy buenos resultados provocando la relajación, medida mediante el electromiógrafo.

Entre todos estos experimentos los que han tenido una mayor trascendencia (en cuanto a publicidad por lo menos) han sido los realizados para poner de manifiesto la relación entre las ondas alfa y la percepción extrasensorial. Las ondas alfa tienen una frecuencia relativamente baja (8 a 13 ciclos por segundo) y suelen relacionarse con los estados de relajación. La creencia de que los «estados alfa» tienen efectos milagrosos proviene, sin duda, de la gran cantidad de cursillos comerciales que anuncian poder conseguir infinidad de maravillas poniendo a sus clientes en «estado alfa». Este hecho nos hace necesario un tratamiento un poco más amplio del tema. Las experiencias realizadas permiten señalar los siguientes puntos:

1. Cuando se comparan los resultados obtenidos por sujetos con alta densidad de ondas alfa en la zona occipital, con otros de baja densidad, no hay pruebas suficientes de que los sujetos con alta densidad puntúen mejor que los otros. De los siete estudios en que se realiza una comparación de este tipo, sólo uno muestra resultados significativos a favor de los sujetos con alta densidad de ondas alfa; cuatro no son significativos y los otros dos muestran una correlación significativa de signo inverso.

2. Si comparamos los resultados obtenidos por un mismo sujeto en dos momentos distintos, con alta y baja densidad de ondas alfa respectivamente, los resultados son algo mejores pero no definitivos. De los nueve estudios que muestran tales comparaciones sólo dos ofrecen una correlación positiva suficientemente significativa. Los otros siete no.

3. Desde otro punto de vista, encontramos tres estudios que intentan comprobar si un nivel alto de éxitos PES predice una igualmente alta densidad de ondas alfa. Los dos trabajos realizados por Morris, Roll, Klein y Wheeler (1972), con un único sujeto, alcanzan resultados positivos muy significativos. El estudio realizado por Stanford y Palmer (1974) mostró que aquellos

sujetos que obtuvieron resultados por encima de la media esperada por azar producían densidades de ondas alfa mayores (tres veces mayores en media) que los que puntuaban alrededor y por debajo de la media. Realizada la correlación en sentido inverso, encontraron que, sin embargo, la mayor densidad de ondas alfa no permitió prever mayores resultados PES en los mismos sujetos. El hecho de que los resultados PES permitan predecir la densidad alfa con mayor eficacia que a la inversa, significa que la aparición de ritmos alfa en la zona occipital es indicativa de un estado interno que favorece los resultados PES, pero no es suficiente para que se produzcan. El estudio realizado por Honorton, Davidson y Bindler buscando un mayor control de los ritmos alfa, avala también la hipótesis anteriormente reseñada. Pese a estos trabajos es evidente que se necesita una mayor investigación para poder obtener conclusiones.

4. Por último, tres estudios de Stanford muestran una correlación entre los resultados PES y los grados de crecimiento de la frecuencia media de las ondas alfa frente a la existente en el estado de relajación previo a la prueba PES. Señala Stanford que estos estudios sugieren que un estado mental de pasividad (asociado a ritmos alfa lentos) es calificable como un estado positivo para la aparición de la PES, pero cuando el sujeto ha de ser consciente de la información extrasensorial, ha de incrementar su atención. Esta interpretación de Stanford es coincidente con los trabajos de Honorton (1974) quien igualmente sugiere la necesidad de un estado pasivo, pero, no obstante, atento.

7

El estado de consciencia

Hace relativamente poco tiempo el mundo de las investigaciones psicológicas se ha visto sorprendido por el repentino retorno de buena parte de sus más jóvenes experimentadores al estudio de los fenómenos de la consciencia. Después de décadas de psicología de la conducta con un rechazo total a las posibilidades derivadas de la introspección, comienzan a aparecer en EE. UU. diversas publicaciones sobre los estados alterados de consciencia.

Es en los años sesenta cuando se produce el fenómeno al que nos estamos refiriendo y no hemos de olvidar que durante estos años surge también el movimiento «hippie» o la contracultura. Este movimiento contiene tres elementos íntimamente relacionados: el uso de las drogas, el redescubrimiento de la religión y filosofía orientales y el renacimiento de las actividades o intereses ocultistas. La influencia de la filosofía y religiones orientales se manifiesta fundamentalmente en la meditación, sobre todo Zen y Yoga, que cada vez va teniendo mayor número de adeptos.

El renacimiento del interés por lo oculto se traduce en el incremento de la popularidad de la astrología, la adivinación y el curanderismo. La psicología empieza a desprenderse de los rígidos esquemas conductistas bajo la forma de una psicología «humanista», que da cada vez más importancia a las experiencias internas y a las fuerzas de la creatividad. La Asociación Americana para la Psicología Humanista se crea en 1961 bajo la inspiración de Maslow, Rogers y Murphy entre otros, y comienzan a surgir libros sobre los estados alterados de consciencia como los de Tart (1969 y 1975) o el de Parker (1975).

No es extraño que estas nuevas consideraciones tengan un rápido influjo en las investigaciones parapsicológicas, porque, por una parte, se acercan más al objeto de ésta que la psicología experimental clásica y, por otra, la historia de los grandes médiums nos demuestra que los fenómenos parapsicológicos suelen ir acompañados de experiencias subjetivas de gran riqueza emocional. Por último, también influyen consideraciones de tipo teórico, ya que es una creencia muy extendida entre los investigadores que los fenómenos parapsicológicos exigen un cierto grado de inhibición cortical para que se produzcan.

De otra parte, los casos espontáneos parecen producirse predominantemente en estados que suponen una disminución de la atención externa o puramente sensorial, en favor de la atención interna, centrada en los sentimientos o estados de ánimo. Así, por ejemplo, del análisis realizado por L. E. Rhine en 1962 sobre más de 7.000 casos espontáneos, se deduce que la aparición de contenidos psíquicos se produce con más frecuencia mientras los sujetos están dormidos que en estado de vigilia. (Evidentemente, los resultados de este tipo de investigaciones hemos de aceptarlos con cierta reticencia, pues su valor probatorio estará en función del grado de significación de la muestra analizada y de los criterios que se hayan establecido para determinar el carácter paranormal del contenido evocado.) El 65 por 100 de los casos analizados por. E. Rhine se produjeron durante el sueño. Pero quizá sea aún más significativo el hecho de que el 85 por 100 de los sueños aparentemente paranormales, ofrecieron una información completa sobre la situación captada, mientras que sólo el 49 por 100 de los casos en estado de vigilia ofrecían dicha información.

Por estas causas vuelven a adquirir importancia las investigaciones sobre estados alterados de consciencia tales como la hipnosis, los sueños, Ganzfeld, droga, etc., con vistas a comprobar la realidad de los hechos reseñados anteriormente y a encontrar el estado psicofísico más adecuado a esta fenomenología.

Desde el punto de vista metodológico, las experiencias con estados alterados de consciencia se apoyan sobre tres pilares básicos: la obtención del estado adecuado, los registros fisiológicos y la aplicación de test de percepción extrasensorial de respuesta libre que permiten una mayor flexibilidad al sujeto.

Relajación, hipnosis y sueño

Muchos investigadores han observado que los sujetos obtienen un número mayor de éxitos cuando están relajados. En muchos casos, la asociación entre los fenómenos Psi (fundamentalmente PES) y la relajación se basa en observaciones clínicas o en impresiones del propio sujeto. Gerber y Schmeidler en un estudio sobre PES, realizado con pacientes de un hospital, obtuvieron resultados significativos con aquellos que fueron calificados como «relajados y predispuestos», mientras que no los consiguieron con los calificados como «no relajados ni predispuestos». La diferencia entre ambos grupos fue igualmente significativa.

Más recientemente, L. W. Braud y W. G. Braud han comunicado los resultados obtenidos en varios estudios en los que se utilizaron métodos de relajación progresiva (el método Jacobson basado en una cinta magnetofónica en la que se graban sugestiones relajantes), sistemas de control fisiológico de la relajación (el electromiógrafo para medir la relajación de los músculos frontales) y el test de apreciación libre (en base a láminas). Comprobando que las cintas producen la relajación apetecida y que los sujetos relajados obtenían mejores resultados que los no relajados, con alto nivel de significación. Stanford y Mayer repitieron las pruebas, aunque sin electromiógrafo, con idéntico resultado.

De entre los diversos estados alterados de consciencia probablemente sea la hipnosis el que más veces se ha utilizado como método para provocar los fenómenos paranormales. Ya en los tiempos de Mesmer se señaló la aparición de fenómenos paranormales en conexión con la hipnosis, multiplicándose las experiencias para demostrarlo. Las publicadas a lo largo del siglo XIX pueden clasificarse en tres grupos:

— Hipnosis a distancia, implicando la inducción telepática o el despertar asimismo telepático.

— Clarividencia viajera, o exteriorización aparente de los sentidos más allá del espacio delimitado por el cuerpo.

— Comunidad de sensaciones entre el sujeto y el hipnotizador, de tal forma que cualquier estímulo sensorial aplicado al experimentador es sentido por el sujeto.

Pero a nosotros las experiencias que más nos interesan son las realizadas en los últimos años. En este sentido Honorton y Krippner llevaron a cabo una revisión de doce de las más significativas investigaciones tendentes a comparar los resultados obtenidos en estado de vigilia y en hipnosis. En nueve de estas doce se encontraron diferencias significativas entre los aciertos obtenidos en ambos estados. Globalizando las puntuaciones de estos estudios, Van de Castle señaló que la probabilidad de que la diferencia total de los resultados obtenidos en estado de vigilia y en hipnosis se debiera al azar era igual a 10^{-10}. Estos trabajos parecen indicar que la hipnósis puede incrementar los aciertos obtenidos y que este incremento no puede atribuirse exclusivamente a sugestiones para obtener puntuaciones más altas ni depende del nivel de sugestionabilidad.

Además de estas experiencias se han realizado otras muchas tratando de relacionar diversos elementos. Así, pruebas mediante generación de ensoñaciones en estado hipnótico o intentos de relacionar el nivel de hipnotizabilidad y los resultados PES, entre otros. Los resultados distan de ser definitivos.

El sueño es el más común de los estados alterados de consciencia y también aquel que con mayor frecuencia aparece como catalizador de los fenómenos espontáneos.

La utilización del sueño como medio para incrementar los resultados de las experiencias de laboratorio data igualmente de los albores de la parapsicología. Sin embargo, el estudio de los sueños como estado susceptible de incrementar la PES no alcanzará un nivel científico hasta los años sesenta, como consecuencia de los descubrimientos realizados en la década de los cincuenta por científicos de la Universidad de Chicago. Como es sabido, Aserinsky y Kleitman advirtieron que el inicio de períodos de ensoñación estaba acompañado de algunas modificaciones fisiológicas susceptibles de ser claramente determinadas. La base del sistema se encuentra en el control de los movimientos automáticos del globo ocular y de los registros encefalográficos, comprobándose que los sueños se producen después de haberse observado un trazado descendiente en el electroencefalograma, cuando éste comienza a ascender y el detector de los movimientos oculares indica la existencia de los mismos.

Este descubrimiento dio origen a la creación del laboratorio de sueños del Maimonides Medical Center, donde, desde 1960, se vienen realizando experiencias rigurosas sobre la inducción telepática de sueños. El esquema metodológico seguido es relativamente sencillo: el sujeto pasivo duerme en el laboratorio mientras se controla la aparición de períodos de ensoñación. Cuando éstos comienzan, el agente (situado en otro lugar a una distancia que oscila entre los 60 pies y las 45 millas) se concentra en una imagen aleatoriamente elegida, con vistas a influenciar el contenido de los sueños. Al finalizar el período de ensoñación el sujeto es despertado y se le solicita una descripción exacta del contenido de sus sueños, que posteriormente es comparada con la imagen emitida. Los resultados obtenidos son esperanzadores e indican claramente la existencia de una influencia telepática sobre el sujeto durmiente.

Estados de privación sensorial

Parece, pues, existir la constante de que la receptibilidad de la «energía» Psi se incrementa al reducirse la atención hacia elementos externos al sujeto. Sería, por tanto, lógico suponer que durante períodos en que sea menor el nivel de estímulos externos debe ser más fácil que se produzcan los fenómenos paranormales. Basándose en esta hipótesis se han realizado numerosos estudios aislando al sujeto de todo posible estímulo sensorial.

En estas experiencias se provocaba un aislamiento prácticamente pleno, situando al sujeto en una habitación insonorizada, a temperatura constante, con dos medias pelotas de ping-pong sobre sus ojos a través de las cuales se proyectaba una luz difusa (normalmente rosa) para conseguir un campo visual homogéneo y con unos auriculares por los que se transmitía un sonido suave y monótono (al principio se utilizó ruido blanco, pero posteriormente se ha usado una grabación con olas del mar para evitar la tensión producida por el ruido blanco). Los resultados obtenidos no son hasta el momento concluyentes: frente a varias experiencias muy significativas positivamente podemos señalar otras con resultados negativos. Nuevamente los resultados son alentadores pero no suficientes, porque, de una parte, el número de experiencias realizadas es demasiado reducido y, de otra, existen resultados contradictorios aplicando técnicas prácticamente iguales.

Junto a los estados anteriormente tratados se ha postulado la posibilidad de utilizar otras técnicas distintas relacionadas con las drogas o con los estados alfa. De estas últimas ya se habló en el capítulo anterior y de las primeras sólo cabe decir que el número de experiencias realizadas es demasiado reducido y los resultados excesivamente contradictorios, pese a que, como señala Tart, la mayor parte de los usuarios de las drogas mayores creen que éstas les permiten incrementar sus posibilidades PES. Igualmente poco concluyentes son las experiencias realizadas mediante relajación yogui o zen, pese a que la mayor parte de los investigadores creen en su posible naturaleza catalizadora de estos fenómenos.

Concluyendo, podemos señalar que la mayoría de las experiencias realizadas avalan la hipótesis de que es necesario un cierto grado de falta de control consciente para permitir la aparición de contenidos de carácter paranormal. La pregunta que deberíamos hacernos es si este descontrol viene exigido por el proceso de captación de la información o, por el contrario, no supone sino una exigencia del proceso de decodificación de ésta. En principio la segunda hipótesis parece más adecuada a la naturaleza del fenómeno, tal y como se manifiesta en las investigaciones. Efectivamente, parece como si un alto grado de control consciente impidiera el reconocimiento de los contenidos paranormales, captados inconscientemente. Ello sería coincidente con la hipótesis, ya anteriormente enunciada, de que el proceso de la percepción extrasensorial se desarrollaría en dos etapas: en la primera se captaría el estímulo, de forma aún desconocida; y en la segunda se apercibiría el sujeto de lo captado. El paso de una etapa a la otra puede no darse, o bien introducir deformaciones e interferencias que hagan difícilmente reconocible el mensaje.

8

El desarrollo de la percepción extrasensorial

Muchas personas se acercan a la parapsicología con la esperanza de que ésta les ofrezca técnicas que permitan desarrollar en sí mismos las fabulosas capacidades que estudia esta disciplina. El deseo de leer los pensamientos de los demás, dominar su mente, conocer el futuro o alterar el transcurso de los acontecimientos, afecta a una gran cantidad de personas, y podemos encontrarlo en todas las épocas y culturas. Los ritos de los brujos o de determinadas castas sacerdotales de la antigüedad se suponía que capacitaban al neófito para poder acceder a estos altos conocimientos. En nuestros días son muchas las sectas y cursillos comerciales que ofrecen arcanos de sabiduría y millones de nuevas posibilidades a sus seguidores o a quienes quieran gastarse algo de dinero en sus enseñanzas. Los parapsicólogos, hoy por hoy, no pueden ofrecer nada semejante. En cambio, pueden presentar una buena cantidad de estudios que informan sobre el estado actual de estas posibilidades.

Muchas de las enseñanzas esotéricas y de los cursos comerciales se basan en dos elementos que, en principio, parecen adecuados a las características de la PES. En primer lugar, procuran el establecimiento de un clima sumamente emotivo en el que la fe en la instancia superior o en los poderes de la propia mente son requisitos «sine qua non». En principio ya vimos cómo la confianza en poder obtener resultados y la alta emotividad pueden favorecer sobremanera la capacidad Psi. En segundo lugar, tratan de establecer un estado alterado de consciencia y para ello buscan el estado de trance, ya sea mediante cánticos, ejercicios de relajación o rituales específicos. También señalamos en el capítulo anterior que un estado alterado de consciencia puede ser eficaz para la producción del fenómeno paranormal. Sin embargo, parece que no es suficiente. Los estudios realizados con personas que habían seguido estos cursillos o pertenecían a este tipo de sectas, y que afirmaban poder obtener resultados perfectos, han sido descorazonadores. Ello hace necesaria la continuación de las investigaciones, tratando de aislar el fenómeno, para demostrar las variables que inciden en su aparición.

En el campo de la parapsicología, los diversos intentos de estudiar el desarrollo de la PES discurren por dos caminos paralelos. De una parte aquellos que intentan aplicar los principios del aprendizaje en un estado alterado de consciencia; de otra, los que prescinden del estado de consciencia, limitándose a aplicar las técnicas de aprendizaje desarrolladas por la psicología.

En estado alterado de consciencia

Dentro de este grupo de experiencias las más interesantes son las realizadas por el checo Mylan Rylz

(«Hipnósis y ESP», 1975) encaminadas propiamente a desarrollar la PES de sus sujetos. Rylz dividió su metodología experimental en tres fases distintas. La primera intenta conseguir el estado apropiado y producir algunos resultados PES. La segunda intenta incrementar estos resultados. En la tercera se intenta independizar al sujeto del experimentador para que sea capaz de dominar por sí mismo sus facultades.

La primera de estas fases se basa en la aplicación de la hipnosis, mediante la cual se intenta incrementar la sugestionabilidad del sujeto hasta que se consigue la producción de alucinaciones suficientemente vívidas, requisito éste que, según Rylz, es imprescindible para continuar el proceso. Una vez que se logra, comienza el entrenamiento PES en sentido estricto. Se inicia con la colocación de objetos sencillos fuera del campo visual del sujeto, que permanece con los ojos cerrados, y a quien se le induce a verlos mediante sugestiones sencillas basadas en procesos alucinatorios (visión del objeto en un espejo, capacidad del sujeto para verse a sí mismo desde arriba, etc.) dándole «feed-back» automático para que pueda discriminar lo acertado o falso de sus alucinaciones.

La segunda fase va encaminada a incrementar sus facultades haciendo cada vez más complejos los objetos a adivinar e intentando enseñar al sujeto a evitar los errores de percepción. Esto último se obtiene haciendo que el sujeto confronte en cada ocasión el objeto percibido y el emitido para que él mismo vaya encontrando los matices subjetivos que diferencian las percepciones acertadas de las falsas.

En la última fase se pretende reducir e incluso eliminar la dependencia respecto a la hipnosis, intentando que las experiencias se realicen en un estado paulatinamente menos profundo. Simultáneamente se comienzan a realizar pruebas más susceptibles de valoración cuantitativa consistentes, en la mayor parte de los casos, en una elección binaria, tal como la discriminación entre las caras de una cartulina, diferentemente coloreadas, que se halla encerrada en dos sobres opacos.

Rylz ha estimado en aproximadamente 500 los sujetos que siguieron su sistema de entrenamiento; pero sólo ha informado de los resultados obtenidos por dos de ellos: Pavel Stephanev y la señorita J. K. En términos generales no puede decirse que los informes de Rylz demuestren la validez de su técnica para desarrollar la percepción extrasensorial. Ello fundamentalmente por dos razones: faltan datos iniciales de los sujetos y no hay un conjunto de datos escalonados que muestren el aprendizaje. Para que pueda afirmarse la existencia del aprendizaje es necesario que una persona que obtenía pocos resultados PES vaya incrementando su capacidad de responder acertadamente. Sea cual sea la forma de la curva de aprendizaje es necesario esta transición. Sin embargo, Rylz proporciona exclusivamente los datos relativos al último período de su entrenamiento, cuando los sujetos han alcanzado su techo, limitándose a señalar que en un comienzo no tenían capacidad alguna.

Antes de pasar al estudio de otras experiencias semejantes hay que señalar las grandes semejanzas existentes entre el proceso de entrenamiento desarrollado por Rylz y los métodos empleados mucho tiempo antes por M. G. Sinclair, así como las investigaciones de Pagenstecher. En España, Exiquio García Carbajo lleva muchos años realizando experiencias de desarrollo de las facultades Psi mediante magnetismo, basándose en una técnica parcialmente similar, en la que se intenta enseñar al sujeto a discriminar sus percepciones a partir del conocimiento profundo de su psicología y la forma en que vivencia sus experiencias subjetivas. García Carbajo en sus investigaciones parece haber obtenido grandes éxitos de carácter preponderantemente cualitativo.

Con posterioridad a la publicación de las experiencias de Rylz, y como consecuencia de éstas, se han realizado varios estudios tendentes a comprobar sus hallazgos, todos ellos con resultado negativo. Así los de Stephenson, 1965; Haddox, 1966; Beloff y Mandleberg, 1966. Sin embargo, los graves defectos metodológicos de las experiencias citadas les restan valor probatorio. Ninguno de los tres sigue exactamente la técnica de Rylz, aunque intentan comprobar su validez. El error básico de estas pruebas es el de su duración; Rylz insiste en la necesidad de perseverar durante mucho tiempo en el entrenamiento antes de obtener los resultados; mientras que los citados estudios pretenden conseguir éstos mediante sesiones de corta duración, en el transcurso de unas pocas semanas, e incluso en ocasiones (Haddox) mediante sesiones colectivas.

A la vista de los datos que tenemos no parece, por tanto, que se haya realizado una prueba que definitivamente invalide o demuestre el modelo de Rylz (incluso las experiencias del propio Rylz no lo consiguen por la falta de datos sobre el aprendizaje a que nos hemos referido). Todo estudio que se realice en este sentido habrá de tener en cuenta todas las variables señaladas por M. Rylz para que pueda tener valor probatorio, consideración ésta que nunca ha sido observada hasta el momento.

Una de las polémicas más interesantes que tiene hoy día planteada la parapsicología se centra en el problema del aprendizaje y, más concretamente, en el aprendizaje en base al «feed-back» automático de las respuestas. Aunque se han publicado varios estudios al respecto corresponde a Tart el mérito de haber planteado las bases teóricas de dicho aprendizaje así como el haber realizado algunas de las experiencias más interesantes a este respecto. Por ello, a continuación nos referiremos básicamente al modelo de Tart.

Parte Tart de dos conceptos básicos: el denominado paradigma del aprendizaje y el concepto de talento inicial. El primero de ellos se refiere a los efectos que se supone ha de producir el «feed-back» (información inmediata sobre el acierto o fallo cometidos) en el aprendizaje, considerándose que gracias a él podrá el sujeto incrementar sus resultados. El segundo es una hipótesis original de Tart, quien consideraba que es necesario un cierto nivel de PES previo en el sujeto para que el «feed-back» produzca sus efectos. Así, Tart considera que en una persona que sólo obtenga aciertos esperables por azar, el refuerzo no producirá efectos positivos puesto que no se producirá correlativamente a la aparición de la PES, sino aleatoriamente, por lo que el sujeto no tendrá nada que aprender. En el caso de sujetos que sólo obtengan, al comenzar, resultados un poco por encima del azar, el esfuerzo provocará una regresión en la curva del aprendizaje. Por el contrario, en aquellos casos en los que el sujeto posee un alto talento inicial, al corresponder el refuerzo a efectivas utilizaciones de las facultades PES, aprenderá a discriminar entre las respuestas acertadas y las falsas.

De estas dos hipótesis la más discutible es la segunda, dado su carácter innovador en la teoría del aprendizaje. En el aprendizaje por refuerzo típico se sabe que al principio se reforzarán respuestas producidas por azar, pero, poco a poco, el sujeto aprenderá a determinar la característica común a los sucesivos refuerzos concluyendo con ello el proceso de aprendizaje. Así, por ejemplo, imaginemos que queremos enseñar a una rata a distinguir el color rojo de otros colores. Para ello podemos colocar una serie de teclas de distinta coloración, siendo una de ellas roja, cuyas posiciones se modifiquen cuasi-aleatoriamente, para evitar efectos de habituación; y de tal forma que al apretar la roja se le premie con una bolita de comida. Las primeras veces la rata golpeará las teclas aleatoriamente o según sus preferencias personales, pero tras un cierto tiempo aprenderá a conocer que sólo cuando golpea las de color rojo se produce el resultado gratificante. En estas experiencias los investigadores no esperan de la rata una especial habilidad para distinguir los colores o una preferencia hacia el color rojo, es suficiente con que no sea ciega y sea capaz de distinguir colores. Por ello Stanford considera que la teoría del talento inicial sólo tendra utilidad si suponemos que no todas las personas tienen capacidades PES, con lo que será necesario seleccionar previamente a aquellos que las tengan (pues lo contrario sería como querer enseñar a una rata ciega a discriminar los colores); pero fuera de esta utilidad la citada hipótesis carece de sentido para Stanford.

En la práctica no existen aún datos suficientes para poder determinar cuál de estos autores tiene razón, pues, como bien señala Stanford, la revisión bibliográfica realizada por Tart para avalar su hipótesis carece de valor probatorio, ya que se trata de experiencias en las que los experimentadores no se habían propuesto comprobar el talento previo del sujeto y cayeron en la incongruencia de suponer que tenían talento aquellos sujetos que obtuvieron buenos resultados. Sin embargo, personalmente opino que la hipótesis de Tart puede ser acertada si tenemos en cuenta el concepto de extinción, por él una cierta respuesta puede extinguirse si durante un cierto tiempo se refuerza otra distinta o cesa el refuerzo de la primera. No sería absurdo pensar que el solapamiento de dos cadenas gratificantes (una relativa a la PES y otra a los aciertos por mero azar) pueda tener un efecto inhibitorio. Imaginemos en el ejemplo anterior que a la rata se le introducen dos series de gratificación, existiendo muchas llaves de colores de las que sólo una es roja. En este caso, si el nivel de gratificación aleatorio (independiente de la llave apretada) es superior al nivel de gratificación al realizar la conducta esperada, puede no producirse aprendizaje alguno. De cualquier forma la respuesta definitiva habrá de dárnosla la investigación.

Las investigaciones de Tart plantean un segundo problema teórico relativo a la propia base de su modelo, y es este: ¿Qué se supone que está aprendiendo el sujeto? la respuesta es obvia: a utilizar su PES. No es válida, puesto que la elección de una metodología concreta supone la existencia de una hipótesis concreta sobre el objeto del aprendizaje. Más correcta es la solución planteada al comienzo de este epígrafe: aprender a discriminar entre las respuestas acertadas y las falsas; ello supone que a lo que el sujeto aprende es a reconocer sus respuestas acertadas, por sus propias características: su estado emotivo, la claridad de su percepción, la forma de aparición... Pero admitir esta respuesta supone tener en cuenta este hecho en el modelo experimental.

Así, uno de los defectos fundamentales del modelo de Tart es el no tener en cuenta estas apreciaciones subjetivas a la hora de planificar las pruebas. Una de las formas de realizarlos es la llevada a cabo por McCollan y Honorton, que intentaron valorar la confianza del sujeto en sus afirmaciones durante una prueba de clarividencia en la que se le proveía de «feed-back» automático, comprobándose la existencia de un mayor índice de aciertos en aquellos intentos en los que el sujeto manifestaba tener una alta confianza. En el estudio de McCollan y Honorton (mediante entrevistas a posteriori) se pretendió determinar el criterio utilizado por los sujetos para realizar su discriminación, comprobándose que aquellos que afirmaban tener varios criterios para definirlas obtuvieron un mayor nivel de aciertos en las experiencias posteriores al «feed-back» que los que sólo tenían un criterio o carecían de él en absoluto.

En general, las pruebas con «feed-back» se basan en un tipo de ingenio mecánico o electrónico que proporciona al sujeto la respuesta adecuada tras realizar la selección (pulsando un botón) o que produce una señal acústica o luminosa distinta según acierte o falle. Numerosos dispositivos semejantes se han confeccionado a este efecto.

No entraremos en la descripción detallada de las técnicas empleadas por cada investigador, puesto que consideramos que las precisiones anteriormente realizadas son suficientes para comprender las líneas generales de actuación. Baste señalar por último que los resultados obtenidos no permiten aún extraer consecuencias definitivas, si bien son sumamente aleccionadores. En las experiencias realizadas en la Comisión de Desarrollo de la Sociedad Española de Parapsicología con dos sujetos con los que se pudo completar la primera parte del aprendizaje, se obtuvo una diferencia significativa entre los resultados al comenzar el entrenamiento y al finalizar el mismo, comprobándose, igualmente, la existencia de una pendiente positiva en la curva de aprendizaje. Tart realiza la revisión experimental de las investigaciones llevadas a cabo hasta la fecha de su publicación destacando también la tendencia positiva; si bien, pocas de las pruebas consideradas pueden calificarse como intentos de desarrollar la PES por medio «feed-back». El mismo Tart llevó a cabo unas investigaciones para demostrar la validez de su modelo. En ellos se seleccionaron 25 sujetos de entre 1.500 considerados como poseedores de alto talento inicial: diez de ellos mostraron un alto nivel de aprendizaje, lo que, sin ser totalmente concluyente, anima para la realización de nuevas investigaciones.

9

Un futuro esperanzador

Hace unos años pude escuchar una anécdota curiosa que aún hoy, olvidados todos los detalles circunstanciales, perdura en mi memoria. Se trataba de una amante esposa filipina a la que se encontró hablando con un árbol. Interrogada sobre la causa de tan extraña situación, contestó con toda sencillez que estaba recordando a su marido las cosas que éste tenía que traerle del mercado, situado en una localidad bastante lejana. A ella le bastaba con decir su mensaje en el hueco del árbol para que su marido lo recordase y cumpliese sus encargos. Esta historia, que quizá no sea totalmente cierta, tiene la virtud de destacar algunas de las consecuencias prácticas que pueden derivarse de los fenómenos anteriormente descritos.

El hombre occidental está firmemente encadenado al medio consumista que ha creado. Nuestros sentidos han perdido un poco de su función originaria ligándose a los nuevos avances técnicos que los prolongan hasta límites anteriormente impensables. El teléfono, en una verdadera clariaudiencia, nos permite escuchar la voz de nuestros seres queridos a cientos, incluso miles, de kilómetros de distancia. La televisión, o el cercano videoteléfono, nos dan acceso a realidades enormemente alejadas de nuestra retina. Sin embargo, esta extensión de nuestros sentidos conlleva la dependencia, implica la renuncia anticipada a otras posibilidades más costosas o menos seguras. La mujer filipina de nuestra historia no tenía a su alcance una cabina telefónica. Si la hubiese tenido probablemente hubiese olvidado dirigirse al tronco de aquel milagroso árbol. Ello me hace pensar en las inmensas posibilidades de cambio que conlleva la aceptación y desarrollo de la PES y los demás fenómenos paranormales. Quizá si fuesemos capaces de desarrollar este «sexto sentido» podríamos acceder a realidades existenciales hoy impensadas.

Los registros antropológicos señalan lo extendida que está entre las culturas primitivas la creencia en la posibilidad de facultades más allá de lo normal. Es difícil determinar la realidad de esta creencia, deslindar lo que hay de mito, de espíritu mágico, y lo que hay de realidad objetiva. Se han llevado a cabo algunas investigaciones para determinar el grado de facultades paranormales de algunos individuos de estas culturas primitivas, sin llegar a ningún resultado concluyente. Quizá la causa se deba a la inadecuación de las técnicas cuantitativas de Rhine, que son las que principalmente se han usado, a la mentalidad primitiva. Puede, por otro lado, que se deba a que realmente no poseen unas especiales facultades; serán necesarias nuevas investigaciones en el futuro (si para entonces quedan tribus suficientemente primitivas) que determinen cuál de estas hipótesis es la acertada.

Desde el punto de vista teórico se han manejado

dos hipótesis contrapuestas en orden a esclarecer el origen filogenético de las facultades paranormales. Para algunos autores se tratan de capacidades en vías de extinción y destinadas a perecer ahogadas por la técnica moderna. Otros piensan que, por el contrario, estamos contemplando los primeros atisbos de las capacidades que poseerá el superhombre del futuro. Unos y otros se refieren al carácter aparentemente hereditario de estas facultades. La corta historia de la parapsicología nos tiene acostumbrados a las sagas familiares de grandes dotados. No es infrecuente encontrar antecedentes cercanos de facultades paranormales en la familia de los paragnomos. Hoy por hoy la mayor parte de los datos que poseemos avalan la primera de las dos hipótesis y vendrían a señalar que la PES es una facultad prácticamente inútil en las condiciones actuales, dada su poca fiabilidad. Eso unido a la sistemática persecución que sufrieron las personas con capacidades PES durante la Edad Media en Europa, podría explicar el hecho de que la mayor parte de los casos que actualmente se producen tengan lugar en sociedades como la brasileña, que mantienen un ambiente cultural más pobre y que no sufrieron las consecuencias de la persecución religiosa. Pero, nuevamente, hemos de trazar un amplio interrogante que sólo podrán cerrar las generaciones venideras.

Desde mediados de la década de los sesenta vienen produciéndose con cierta frecuencia noticias relativas a investigaciones secretas realizadas por instituciones militares en EE.UU. y en la URSS. Es difícil determinar la realidad de estos rumores, aunque algunas indiscreciones periodísticas parecen indicar que realmente existen o han existido. Evidentemente, si estas facultades pudiesen desarrollarse hasta un grado tal que permitiesen su utilización con un margen suficiente de seguridad, su uso para fines militares quedaría claramente justificado. Dejando aparte los avances que podrían darse en la guerra psicológica (si en vez de mensajes radiofónicos o similares pudiesen enviarse órdenes telepáticas), que entran dentro de la ciencia-ficción, no cabe duda que el contar con personas bien entrenadas podría ofrecer grandes posibilidades al espionaje. Pero además (o a pesar) de su utilización militar, el dominio de las facultades paranormales podría ofrecer numerosas posibilidades prácticas.

Manifestaciones biológicas

En otro orden de cosas algunas de las últimas investigaciones están abriendo paso a arriesgadas hipótesis de gran trascendencia para la propia humanidad. Un terreno especialmente preparado para este tipo de fenómenos es la relación madre-hijo. Se ha postulado en varias ocasiones que la intensa relación existente entre la madre y el embrión en la gestación puede producir consecuencias de gran importancia en el desarrollo psicológico del niño. Una de las posibles vías de interacción sería la percepción extrasensorial. Algunos autores defienden que entre el niño recién nacido y la madre existe un lazo comunicativo claramente extrasensorial, que no sería sino la continuación de la comunicación iniciada en la gestación. En este sentido se han realizado algunas primeras investigaciones con lactantes, aunque demasiado escasas como para poder extraer consecuencias definitivas. De demostrarse la existencia de este tipo de fenómenos aún antes del alumbramiento, las consecuencias psicológicas de este hecho serían grandes. Los psicoanalistas ortodoxos señalan que el inconsciente comienza a formarse después del nacimiento como consecuencia del enfrentamiento del bebé a las frustraciones externas de sus impulsos primarios. Algunos psicoanalistas han llegado más allá, postulando la existencia de un inconsciente colectivo que vendría a ser parte del bagaje hereditario del ser humano y que le proporcionaría informaciones, normas y pautas de comportamiento culturales no aprendidas por él directamente, sino inicialmente poseídas. Este hecho, que no está demostrado, podría contemplarse con una perspectiva distinta si se demostrase la existencia de PES entre la madre y el hijo. Podrían producirse durante la gestación una primaria maduración psicológica, además de la maduración fisiológica, de tal manera que el bebé apareciese en el mundo dotado ya de algunos conocimientos o pautas de comportamiento específicas.

Siguiendo en el campo biológico, se han postulado posibilidades muy arriesgadas como consecuencia de un conjunto de investigaciones llevadas a cabo con animales. Aparte de realizarse algunos trabajos encaminados a estudiar la posibilidad de comunicación entre el hombre y las bestias, los investigadores han tratado de comprobar si existe algún tipo de facultades paranormales en los propios animales.

En el «Journal of Parapsychology» de 1968 aparecieron unas investigaciones realizadas por un prestigioso biólogo francés que revolucionaron los métodos de investigación con animales. En estas pruebas se encerraba un ratón en una caja cuyo suelo se encontraba dividido en dos mitades por una barrera baja. Un generador binario de azar determinaba cuál de las dos mitades había de recibir una pequeña descarga eléctrica, y un sistema de célula fotoeléctrica controlaba el movimiento del ratón cada vez que saltaba la barrera. El control era automático, de tal forma que se podían realizar las pruebas sin que estuviese presente ningún experimentador. Se trataba de determinar si el ratón era capaz de evitar la descarga eléctrica colocándose en el lado que no iba a recibirla. Los resultados fueron sorprendentes: el ratón consiguió evitar la descarga con una frecuencia superior a la esperable por azar. Para calcular los resultados se excluyeron aquellos intentos en que el ratón permanecía estático sin saltar de un sitio a otro, entre las pruebas. Posteriormente se han realizado investigaciones paralelas para comprobar los resultados con idénticas conclusiones. Su valor probatorio es tan amplio que algunos autores consideran mejor probada la precognición en los animales que en el hombre.

En el campo de la psicokinesia con animales se han llevado a cabo algunas investigaciones igualmente interesantes, desde la perspectiva teórica que aquí mantenemos. De entre ellas la más interesante (pendiente de repetición por otros investigadores) fue realizada por Levy y André en 1970. Se colocaron dos bandejas de huevos externamente idénticos, parte de los cuales estaban fecundados, mientras que el resto no lo estaban. Introducidos en una incubadora cuya fuente de calor era una lámpara conectada a un generador de números aleatorios que determinaba los períodos de encendido y apagado con una frecuencia del 50 por 100, se intentó comprobar si los huevos fecundados ejercían algún tipo de influencia sobre el generador de números aleatorios o sobre la lámpara para conseguir aumentar su ración de calor. Sorprendentemente el resultado fue positivo; la bandeja con huevos fecundados recibió una mayor cantidad de calor, siendo el tiempo total durante el que la lámpara estuvo encendida superior al de la bandeja con huevos no fecundados. Las consecuencias de estas experiencias, si se llegan a demostrar suficientemente, son muy grandes. Suponen la existencia de mecanismos paranormales al servicio de las funciones básicas de los animales destinados a ser activados cuando la sobrevivencia de su organismo está en peligro. Ello implicaría una organización teleológica de la función paranormal al servicio de la especie. Para comprobar la veracidad de esta hipótesis, se han realizado algunas investigaciones en las que se situaban animales en situaciones límite, tales que sólo podrían escapar con vida de ellas si utilizasen sus presuntas capacidades paranormales. En algunas de ellas se han conseguido resultados muy prometedores, pero esta vía de investigación esta todavía comenzando.

Pese a lo poco avanzado de los trabajos con animales no faltan autores que extraen importantes consecuencias de ellos. Quizá una de las hipótesis más atrevidas, pero enormemente sugestiva, es la que hace jugar un papel importante en la evolución a las facultades Psi. Desde la perspectiva evolutiva la totalidad de los organismos actualmente existentes provienen de un protoplasma inicialmente indiferenciado; a lo largo de miles de millones de años se irán produciendo transformaciones en este protoplasma, la mayor parte de las cuales será inútil, pero alguna de ellas demostrará una mayor capacidad de supervivencia en el medio y acabará primando sobre las anteriores. En este continuo proceso de mutación-selección se han ido generando las distintas especies animales y vegetales hoy existentes. Combinándose con esta teoría se ha insinuado que quizá los fenómenos paranormales pudiesen facilitar la evolución, de forma tal que, en vez de producirse las mutaciones totalmente al azar, pudiera existir algún tipo de fuerza organizadora que favoreciese una mutación adaptativa, incrementando la posibilidad de supervivencia del nuevo organismo. Evidentemente, existe un abismo entre los trabajos experimentales citados y la hipótesis anteriormente expuesta, abismo que, probablemente, no llegue a salvarse jamás. Pero, a pesar de ello, resulta sugestiva la teoría.

Las incógnitas pendientes

En último extremo no podremos realizar ninguna inferencia sobre la función y utilidad de las facultades paranormales hasta el momento en que comprendamos adecuadamente su naturaleza. Cuando seamos capaces de determinar exactamente las causas del fenómeno y de describir las variables que inciden en su aparición, cuantificando su importancia relativa, tendremos de esta fenomenología un cuadro suficientemente claro que nos permitirá descartar o admitir algunas de las hipótesis anteriormente esbozadas. Hasta ese momento sólo podremos aventurar arriesgadas hipótesis inverificables que entrarían dentro de la parapsicología-ficción.

Desgraciadamente, parece aún lejano este momento integrador. La causa de esta lejanía no se encuentra en la falta de modelos explicativos del fenómeno paranormal sino en la imposibilidad de verificarlos. En su mayor parte, son construcciones teóricas entresacadas de la filosofía y de las creencias espiritualistas, pero con poca base objetiva. Sin embargo, es necesario hacer una referencia, aunque sea breve, a algunas de estas construcciones teóricas. Un primer grupo de modelos se basan en la hipótesis de que la PES puede ser explicada en términos físicos, siempre y cuando extendamos algunas teorías físicas actualmente existentes. En este sentido los primeros intentos se dirigieron principalmente hacia las fuerzas electromagnéticas; y como se había demostrado la existencia de un determinado nivel de actividad bioeléctrica en el cerebro, se postuló la posibilidad de que el cerebro emitiese ondas electromagnéticas que pudieran ser captadas por un emisor semejante. Desde la perspectiva teórica el hecho presentaba dos inconvenientes: en primer lugar, la actividad cerebral captada era demasiado pequeña como para crear ondas del tipo de las necesarias para recorrer las distancias entre las que se habían realizado algunas de las experiencias. En segundo lugar, la energía electromagnética se encuentra sujeta a la ley física por la cual la intensidad decrece proporcionalmente al cuadrado de la distancia, y esto no se comprobó en los mensajes PES. Dejó de considerarse esta teoría tras la publicación de los trabajos realizados por el parapsicólogo soviético Vasiliev, quien demostró la posibilidad de mensajes PES aunque los sujetos estuviesen dentro de cámaras metálicas impenetrables por las ondas electromagnéticas.

Actualmente las teorías modernas tienden a postular nuevas energías físicas aún no descubiertas o campos de fuerza específicos, basándose fundamentalmente en las características de la moderna física relativista. En este sentido se ha postulado la existencia de psitrones y otras partículas elementales que tendrían masa imaginaria, por lo que no estarían sujetos a la ley anteriormente señalada. Pero estas posibilidades distan de ser demostrables todavía.

Un segundo bloque de teorías renuncian a la naturaleza física del fenómeno remitiéndonos a explicaciones vitalistas o espiritualistas, basadas, en su mayor parte, en la dualidad mente-organismo. Así, la teoría del yo subliminal de Myers, continuado posteriormente por muchos autores, y que postula la existencia de una instancia en el sujeto que, sin ser consciente, sería capaz de sobrepasar las barreras espacio-temporales, ya porque formase parte de un «alma» global en la que estarían las de todas las personas, ya porque todos los «yo subliminares» se encontrasen en el mismo medio o porque sus leyes de funcionamiento fuesen distintas de la de los organismos físicos. Otras teorías acuden a la existencia de un alma inmaterial capaz de proyectarse a largas distancias y ver los objetos o leer las mentes ajenas. Todas estas hipótesis, que tienen una gran complejidad difícil para ser reflejadas en unas pocas líneas, son por definición indemostrables y conducen a círculos viciosos lógicos de los que difícilmente podremos salir.

Un último bloque de teorías rompe con los principios básicos del razonamiento occidental que, de alguna manera, se mantenían en las anteriormente expuestas. Las hipótesis ya enunciadas suponen la existencia de un lazo causal en el mensaje. El emisor transmite «un mensaje a una persona»; el receptor capta una realidad concreta, etc. Aunque su control no sea totalmente voluntario, responden a las leyes lógicas de la causalidad. Sin embargo, el tercer conjunto de teorías rompen este lazo de unión con el sentido común, lanzándose a un nuevo universo lógico. Las teorías acausales, como la de la sincronicidad de Jung, presuponen la existencia de dos hechos, no relacionados causalmente, que coinciden en el tiempo o el espacio en una forma significativa. Cada uno de los hechos que componen la experiencia sincrónica tendrá su propia cadena causal, pero éstas no interrelacionan entre sí: lo importante es la coincidencia significativa. El problema fundamental consiste en distinguir cuándo una coincidencia es o no significativa, así como determinar el auténtico carácter de los sucesos sincrónicos. Pero la discusión de estos aspectos nos llevaría más allá de los objetivos puramente divulgadores de este trabajo. Baste señalar que tampoco este tipo de teorías explican satisfactoriamente las distintas condiciones del fenómeno, que aún espera un adecuado tratamiento teórico.

A lo largo de las páginas precedentes hemos intentado dar una visión panorámica del estado actual de las investigaciones sobre la percepción extrasensorial. Muchos aspectos esenciales de estos fenómenos no han sido suficientemente explicados. Sin embargo, esperamos haber conseguido poner de manifiesto algunas de sus características fundamentales y, sobre todo, haber ofrecido con suficiente claridad el muestrario de experiencias que han realizado los parapsicólogos para demostrar la existencia de la PES. Queda aún mucho trabajo por realizar, aunque la parapsicología ha utilizado todas las armas que tenía a su alcance para indagar en la naturaleza de los fenómenos que estudia. Lamentablemente las preguntas fundamentales siguen en pie: ¿Qué es la percepción extrasensorial? ¿Qué leyes la rigen? ¿Cuál es su función dentro de la naturaleza?... Hoy sabemos algo más que ayer, pero aún es poco. Tenemos, sin embargo, un camino abierto, una metodología creada; sólo se necesita el trabajo serio de investigadores de todos los campos y la colaboración de especialistas de todas las disciplinas, para desentrañar los misterios que se ocultan tras estas facultades humanas.

BIBLIOGRAFIA BASICA

Amadou, R.: *La parapsicología,* Paidos, Buenos Aires, 1971.

Bender, H.: *Nuestro sexto sentido,* CYMYS, Barcelona, 1976.

Carrington, W.: *La telepatía, hechos, teorías e implicaciones,* Dédalo, Buenos Aires, 1975.

Dunne, J. W.: *Un experimento con el tiempo,* M. Aguilar. Barcelona, s/f.

Melieux, M. y otros: *El saber anterior,* Ediciones 29, Barcelona, 1976.

Moine, M.: *La radiestesia,* Martínez Roca, Barcelona, 1974.

Novillo Pauli, E.: *Los fenómenos Parapsicológicos,* Kapelusz, Buenos Aires, 1975.

Rhine, J. B.: *El alcance de la mente,* Paidos, Buenos Aires, primera ed. 1962, con reediciones posteriores.

Rhine, J. B.: *El nuevo mundo de la mente,* Paidos, Buenos Aires, primera ed. 1961, con reediciones posteriores.

Rylz, M.: *Hipnosis y ESP,* Paneuropea, Barcelona, 1974.

Rylz, M.: *Nuevos estudios sobre la ESP,* Paneuropea, 1974.

Smith, S.: *Cómo desarrollar su percepción extrasensorial,* Diana, México, 1974.

Sudre, R.: *Tratado de parapsicología,* Siglo XX, Buenos Aires, última ed. 1975.

Sinclair, U.: *La Telepatía,* Caralt. Barcelona, 1976.

B. B. T. O. Libros que componen esta colección:

1. Más allá de la muerte.
2. Poderes ocultos de la mente.
3. Los enigmas pendientes.
4. Manual de Espiritismo: De la «oui-ja» a las psicofonías.
5. Mito y realidad de los fantasmas.
6. Ufología: Todo sobre los ovnis.
7. Quiromancia: El futuro en sus manos.
8. La Atlántida y otros continentes perdidos.
9. Teoría y práctica de la Hipnosis.
10. El Tarot: El futuro en las cartas.
11. Los tripulantes de los ovnis.
12. El culto a Satán. De las Misas Negras a la Brujería.
13. Los poderes mágicos: De los estigmatizados a los faquires.
14. Teoría y práctica de la Reencarnación.
15. Astrología: La ley de las estrellas.
16. Historia secreta de los ovnis.
17. Espiritismo: La respuesta de los muertos.
18. Las profecías siniestras.
19. Los emisarios del cosmos.
20. El sexto sentido: Los ojos de la mente.

Espíritus y duendes: Las casas encantadas.
Extraterrestres en la Biblia.
Los curanderos: ¿Iluminados, superdotados o farsantes?
Grandes misterios de nuestro tiempo.